Histoire
de Bretagne

Le point de vue breton

DANS LA MÊME COLLECTION "YORAN CHAKOD"

Petite histoire des rois et ducs de Bretagne, Etienne Gasche, 2006

Du même auteur :

Histoire de Bretagne (Henri Poisson / Jean Pierre Le Mat). Ed Coop Breizh, Spézet. 1993 ; réed poche 2000
The sons of the Ermin. Ed an Clochàn, Belfast. 1996
Les cent vies de l'hermine. Ed Coop Breizh. 1997
Patrick Pearse et l'insurrection de 1916. Ed Coop Breizh, Spézet. 2000

ISBN 2-9914855-24-9
—
Conception graphique de la couverture : Gwendal Lazzara.
—
© 2006 – Yoran Embanner
71 hent Mespiolet – 29170 Fouesnant
(Bretagne)

Jean-Pierre Le Mat

Histoire
de Bretagne

Le point de vue breton

Postface : Les nations insuffisantes

Yoran embanner

Avertissement
de l'éditeur

A l'école de la République, on m'a enseigné l'histoire. Sur les cartes colorées de mon manuel scolaire, j'avais constaté avec un plaisir d'enfant que la Bretagne se dessinait fièrement à l'ouest, différente, indépendante de l'empire carolingien. Puis ce fut la déception. Sans explication, la Bretagne n'existait plus. La péninsule faisait partie du royaume de France sous Hugues Capet. Annexion ? Conquête ? Mystère...

Pendant le moyen-âge, le seul Breton qui apparaît est du Guesclin, un guerrier un peu roublard, un peu farceur, pas très charismatique. C'est donc celà, les Bretons ?...

Puis vient la duchesse Anne. Et là, coup de théâtre : mon professeur m'explique que c'est par son mariage avec le roi de France que la Bretagne est devenue française. Il faudrait savoir ! Soit la Bretagne était déjà française, et dans ce cas que signifie ce mariage ? Soit elle ne l'était pas, et dans ce cas on m'a menti...

On se gausse ou on se scandalise d'entendre les petits Antillais réciter « nos ancêtres les Gaulois... ». Les petits Bretons, qui apprennent « notre bon roi Saint Louis », sont dans la même incohérence.

Il ne m'a pas été possible, à l'école, d'apprendre l'histoire de mon pays. Pourquoi ces interdits, pourquoi ces mystères, pourquoi ces mensonges ?

Il faut croire que l'histoire de Bretagne, vue de Paris, est dangereuse, et plusieurs faits me l'ont confirmé par la suite. En 1979, la commémoration du débarquement de Jean IV à Dinard a été interdite. Six cent ans après ! Ceux qui ont voulu braver l'interdiction se sont heurtés à la police. En 2006, le préfet du Finistère a interdit de faire figurer Sebastian Ar Balp sur un panneau routier commandité par le conseil municipal de Carhaix. Trois cent ans après !

Alors, vue de Paris, l'histoire de Bretagne sera-t'elle toujours subversive ? Raison de plus pour la connaître !

An embanner

De quoi parlons-nous ?

BRETAGNE! Un nom que l'histoire a inscrit à la pointe de l'Europe. Les auteurs latins avaient appelé cette péninsule "Armorique", qui signifie "face à la mer". Quand les Bretons, venant de l'île de Bretagne (qui deviendra la "Grande" Bretagne) s'y installèrent il y a quinze siècles, ils y apportèrent leur langue, leur culture, et leur organisation politique. Ils donnèrent leur nom à ce pays.

Bretagne est le nom d'une ancienne nation, attestée par une histoire particulière. C'est aussi une appellation géographique, plus concrète dans ses limites que l'Armorique. C'est enfin l'appellation administrative d'une région française.

Ces considérations peuvent ne revêtir qu'un faible intérêt aux yeux du voyageur ou de l'observateur étranger. Mais selon que l'on définit "Bretagne" par la géographie, l'histoire, la culture ou les découpages administratifs, celle-ci change de couleur, de forme, de structure. Elle devient inconsistante, fuyante. La tragédie des petites nations continentales comme la Bretagne réside dans la difficulté à définir eux-mêmes leur propre réalité. Les définitions données par des professeurs d'université, des politiciens fugaces ou des experts extérieurs leur font courir un risque constant de schizophrénie.

Devrons-nous choisir, entre les différents points de vue, notre définition ? Oui, certainement. Sinon, d'autres s'en chargeront. L'administration française délimite la région "Bretagne" sans y inclure la ville de Nantes et ses environs, la privant ainsi toute dimension historique cohérente. Les économistes européens définissent "l'Ouest de la France" de différentes manières, induisant différentes conséquences pour notre économie. En définissant la "vraie Bretagne" comme le pays où l'on parle le breton, il apparaît une zone linguistique mouvante, folklorique.

La Bretagne est un fruit de l'histoire. Nous devons choisir une base historique pour la définir. Je ne dis pas qu'une frontière, consacrée par l'histoire, par des siècles d'affrontements et des milliers de morts, soit la meilleure approche pour résoudre les questions humaines. Je dis seulement que la consécration historique est la plus couramment admise, et aussi la plus stable. Pour une petite nation, confrontée au problème de sa survie auprès de puissants voisins, c'est aussi une nécessité vitale.

Nous ne rejetterons ni la géographie, ni la dimension économique, ni la dimension culturelle. Elles nous aideront, au-delà des événements, à comprendre les grandes tendances historiques.

Une approche géographique
de l'histoire

Considérons quelques instants la carte de l'hémisphère Nord, centrée sur le pôle. La péninsule bretonne y occupe une position très particulière.

Les invasions terrestres qui ont traversé l'Europe ont emprunté naturellement deux passages : les plaines du Nord, et la vallée du Danube. Les peuplades préhistoriques ont suivi ces itinéraires. Plus tard les hordes germaniques qui se dirigeaient vers la péninsule ibérique prirent les mêmes chemins, ou encore les Huns venant d'Asie. Les invasions venant du sud, celle des troupes romaines et carthaginoises, passaient par le nord de l'Italie ou par le Bassin parisien. Ces deux régions ont été les grands carrefours des migrations européennes.

Pour toutes ces migrations terrestres, la Bretagne est un cul-de-sac. Seules des invasions massives pouvaient y parvenir. ; et encore la péninsule était-elle souvent la dernière région atteinte. C'était une zone périphérique, où les populations ont pu se maintenir et résister aux vagues d'invasions finissantes. Il n'est pas surprenant que les traditions celtiques et pré-celtiques aient survécu en Bretagne. Il n'est pas

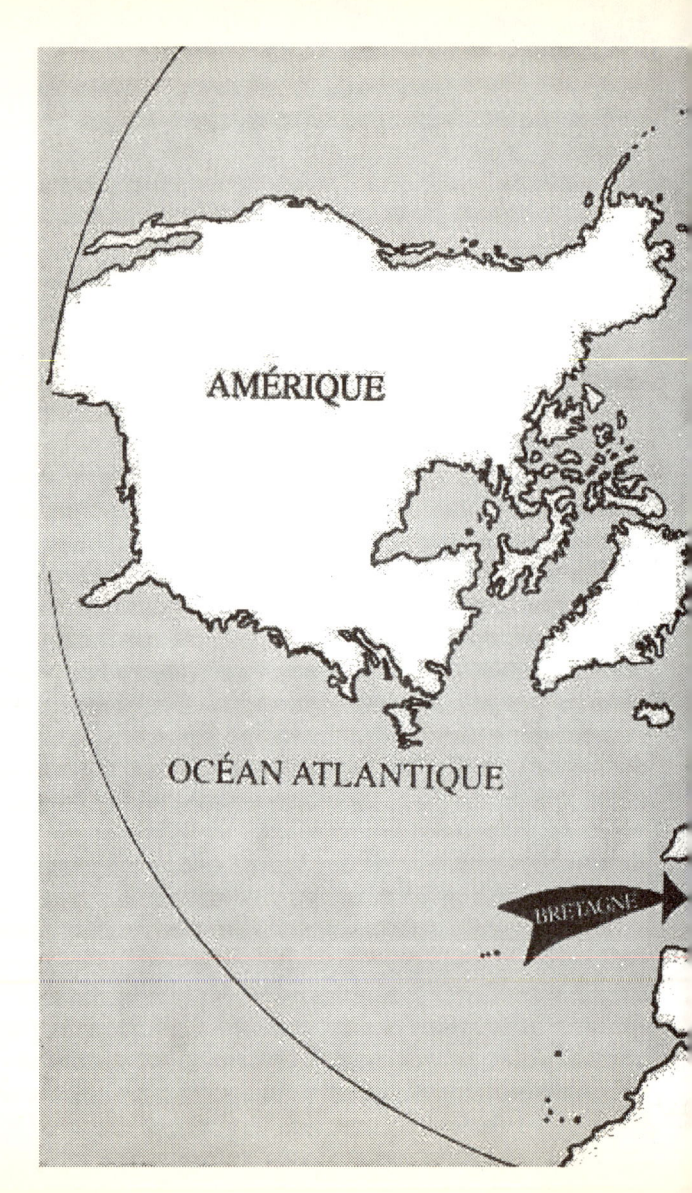

ASIE

Plaine de l'Europe du Nord

Danube

Mer Noire

Mer Méditerranée

RIQUE

étonnant non plus que l'idiome gallo, qui est un vieux dialecte français, s'y soit maintenu.

La géographie prédispose la Bretagne à posséder une culture originale, avec des éléments plus anciens (plus archaïques ?) que les régions voisines.

Loin des grandes routes continentales, la péninsule est, en revanche, à la croisée des routes maritimes. Mais les invasions venant de la mer ne furent jamais aussi massives que les invasions terrestres. Elles apportèrent des influences, des enrichissements, plus que des substituts. Les côtes furent pillées par les pirates du Nord, Irlandais et Scandinaves. Ils y laissèrent des bâtards, mais aussi des traces culturelles, des influences, des idées. Même les débarquements bretons venant de (Grande) Bretagne n'ont pas été de véritables invasions. L'arrivée des navires d'immigrants avait été préparée de longue date par des colonies bretonnes venues sur le continent avec l'armée romaine, et qui s'étaient concentrées dans la péninsule.

La Bretagne offre à tous les êtres vivants, humains, animaux et végétaux, un climat humide et tempéré. Même là où le sol est de qualité médiocre, la vie est possible, sans difficulté majeure. Pour survivre, les hommes n'ont jamais été forcés d'y constituer une société forte et hiérarchisée. Cette situation a sans doute contribué à forger le caractère breton et à favoriser les tendances d'égalité et de liberté personnelle.

Le cycle des saisons, à travers mort et renaissance, permet à l'environnement breton de se renouveler chaque année. Ce cycle si visible, et les fantaisies d'un climat tour à tour morose et chatoyant, ont influé eux aussi sur le caractère breton. Celui-ci, comme la nature qui l'entoure, est empreint d'un optimisme naïf et d'un intérêt paradoxal pour la mort et ses mystères. Cette dualité forme un tout, et elle imprègne la culture, la religion, et les traditions.

Au cours de l'histoire bretonne, la raison de s'unir n'a jamais été la nécessité de partager la nourriture ou l'abri, mais seulement le sentiment collectif d'une menace extérieure. La nature est clémente à tous ceux qui y vivent, les Bretons et leurs envahisseurs, la céréale et la mauvaise herbe, le mouton et le loup. Cela veut dire qu'une administration sage et pacifique y obtient de très bons résultats, et y impose facilement son autorité. Le contraire ne mène pas à la tyrannie, difficile à maintenir, mais à l'anarchie et à la misère. Dans le cycle arthurien, ceci est symbolisé par le lien entre la légitimité et l'autorité du Roi d'une part, la richesse du royaume et l'union des sujets de l'autre.

Jusqu'au XXe siècle, la paysannerie constituait l'essentiel de la population. La production et la distribution des denrées alimentaires n'apportaient pas une grande richesse au pays, mais garantissait la stabilité sociale. Les périodes de déclin et de désorganisation de la société bretonne par les guerres, les impôts excessifs ou les mauvaises administrations sont marquées par les révoltes paysannes : 1492, 1590-1597, 1675, 1718, 1788-1800.

D'un point de vue économique, la Bretagne est à l'intersection des routes maritimes du nord et du sud de l'Europe. C'est une escale bienvenue, qui en fit une place commerciale prospère depuis la période

préhistorique. Elle le resta jusqu'au XVIe siècle, fin de
l'indépendance bretonne. Ceci s'explique facilement :
un lieu favorable aux transactions internationales
doit être non seulement bien situé géographiquement,
mais il doit aussi être neutre et indépendant.

La Bretagne n'est pas un point de pénétration optimal en Europe. En raison de la forme de
la péninsule, seuls les ports de Saint Nazaire et
Nantes, à l'embouchure de la Loire, ont un arrière-
pays de dimension européenne.

D'un point de vue militaire, la Bretagne a eu une
importance stratégique de premier plan quand les
grands empires maritimes, espagnol et britannique,
dominaient le monde. Lorsque ces empires étaient
en guerre l'un contre l'autre, ou contre la France, il
y eut d'innombrables manœuvres diplomatiques et
militaires pour influencer ou contraindre les Bretons.
Les stratégies les plus classiques consistaient à ten-
ter de s'allier par mariage avec la dynastie régnante,
ou à contrôler militairement des ports bretons ou des
îles. Vu de France, le problème militaire était d'empêcher des ennemis potentiels de s'installer dans la
péninsule ; la stratégie reposait sur la pénétration
par les routes terrestres, puis sur une consolidation
des positions prises dans la péninsule.

A l'émergence des puissances continentales, France
et Allemagne, la Bretagne ne pouvait plus être considérée que comme une zone de repli, à l'écart des
zones stratégiques comme les régions rhénanes.

L'avenir appartient-il aux puissances maritimes ?
Le destin de la Bretagne, et son décalage par rapport à la France, dépendent aussi des évolutions
globales.

Les premiers habitants de la péninsule (jusqu'en 1 500 avant J.C.)

2700 av JC	*Première dynastie des Rois d'Ur, en Mésopotamie*
	Les écrits cunéiformes remplacent les pictogrammes
2650-2600 av JC	*Construction des pyramides d'Egypte*
1850 av JC	*Abraham*
1750-1600 av JC	*Apogée de Babylone, en Asie ; Siècle d'Hammurabi*
1900-1500 av JC	*Civilisation minoenne en Crète*
1700 av JC	*Début de la civilisation mycénienne en Grèce*
2000-1500 av JC	*Construction de Stonehenge en Bretagne insulaire (actuelle « Grande Bretagne »).*

Les traces de la présence humaine dans la péninsule, aux temps préhistoriques, sont nombreuses et impressionnantes.

Elle est attestée durant la période paléolithique à Saint Suliac (Ille-et-Vilaine), Mont-Dol (Ille-et-Vilaine), Guiclan (Finistère). Durant la période mésolithique (12 000-6 000 av JC), des signes d'activité humaine apparaissent dans des sites insulaires, Teviec (Morbihan), Hoëdic (Morbihan) et non loin de Plomeur

(Finistère). Il semble que la population de la péninsule était clairsemée à cette époque.

Vers 4000 avant Jésus-Christ apparaissent les premiers monuments mégalithiques : tumulus, dolmens, cairns et allées couvertes. Certains d'entre eux sont décorés : croix et symboles géométriques gravés (dolmen du Mougau, près de Commana, Finistère), splendides gravures recouvrant toute la surface de la pierre (cairn de Gavrinis, Morbihan). Les objets retrouvés alentour ou enfouis sont des outils en silex, des haches polies, et les premières poteries, dont certaines très décorées.

La plupart des menhirs, dolmens et tombeaux mégalithiques ont été construits entre 4000 et 1500 avant Jésus-Christ, durant la période néolithique. A Carnac (Morbihan), des milliers de menhirs furent alignés pour des raisons encore inconnues. Le grand menhir de Locmariaquer (Morbihan), aujourd'hui brisé, s'élevait à plus de 20 mètres de haut. Le cairn de Barnenez (Finistère), datant du cinquième millénaire avant Jésus-Christ, est le plus grand d'Europe, et l'un des plus anciens monuments de cette taille au monde.

La construction de tels monuments, ou ensemble de monuments, a certainement mobilisé une population importante. Elle nécessitait une solide organisation sociale, une autorité forte et bien établie, ainsi qu'une activité intellectuelle intense et de puissantes motivations. Ces ensembles impressionnants ne sont pas inspirés par des besoins primaires ou immédiats, tels que la recherche d'abri, de nourriture ou de sécurité. De cette haute civilisation, loin des idées préconçues concernant les tribus préhistoriques, ces étranges blocs de pierre nous imposent leur témoignage énigmatique.

A la fin de la période mégalithique apparaissent des couteaux en cuivre, des hachettes, et aussi des poteries plus grossières qu'auparavant. La grande civilisation mégalithique s'efface. Peut-être est-ce sous la poussée des Ibères, qui envahissent l'Europe de l'Ouest à cette époque ? C'est possible. Il ne nous reste qu'un immense mystère et, osons l'avouer, une indicible fascination pour ces étonnants bâtisseurs.

L'âge de Bronze
(1500-500 avant J.C.)

Vers 1250 avant JC	*La guerre de Troie ; Moïse, Ramsès II en Egypte*
1010-930 avant JC	*Le Roi David et Salomon en Israël. Construction du temple de Jérusalem*
750-612 avant JC	*Apogée de l'empire assyrien*
675 avant JC	*Fondation de la ville de Rome, en Italie*
596-587 avant JC	*Prise de Jérusalem par Nabucho-donosor, Roi de Babylone*
6e siècle avant JC	*Confucius en Chine, Bouddha en Inde, Pythagore en Grèce*

A partir de 1500 avant Jésus Christ, les tombes mégalithiques ne sont plus collectives, mais individuelles. C'est la grande période des tumulus armoricains, concentrés dans l'Ouest de la péninsule. Les objets trouvés dans ces tombes sont très différents de ceux des périodes précédentes : outils sophistiqués en pierre, objets en bronze, et poterie décorée.

Durant cette période, l'utilisation du métal se généralise. L'étain est extrait en Armorique; il y est travaillé ou exporté. Plus de 400 gisements contenant des haches en bronze, typique de l'industrie péninsulaire, ont été découverts, jusque sur les côtes de la Baltique.

L'or, parfois en alliage avec l'argent (pour constituer l'électrum), est utilisé pour la confection de bijoux. Datant de cette époque, on a aussi retrouvé des anneaux et des torques.

L'arrivée des Celtes
(500-58 avant J. C.)

522-486 av JC	*Darius. Apogée de l'empire perse*
468-400 av JC	*Socrate*
384-322 av JC	*Aristote*
356-323 av JC	*Alexandre le Grand*
390 av JC	*Prise de Rome par les guerriers celtes de Brennos*
279 av JC	*Une expédition est lancée de Gaule celtique par (un autre) Brennos vers le temple de Delphes en Grèce*
218-202 av JC	*Le Roi carthaginois Hannibal en guerre contre Rome*
220-200 av JC	*Construction de la grande muraille de Chine*

Vers 500 avant Jésus Christ, l'explorateur carthaginois Himilcon, naviguant le long des côtes de l'Atlantique, découvrit une terre qu'il nomma Oestrymnis. Cette mention est peut être la plus ancienne concernant la péninsule armoricaine.

Vers 300 avant Jésus Christ, le marin grec Pytheas rapporte quelques noms de lieux péninsulaires. Certains d'entre eux, tels que Uxisama (sans doute l'île d'Ouessant), sont probablement d'origine celtique.

A partir du 8e siècle avant Jésus-Christ, les historiens commencent à distinguer les Celtes des autres peuples européens, par leur organisation sociale, leur religion, leurs vêtements, leurs techniques guerrières, et surtout par leur langue. Leur présence dans la péninsule est beaucoup plus tardive que dans le reste de l'Europe de l'Ouest : entre 500 et 300 avant Jésus Christ. L'expansion celtique en Europe se réalisa grâce à la maîtrise de deux technologies, qui leur assuraient la suprématie militaire : celle du fer pour les armes, et celle de l'équitation pour la monture.

La première vague d'expansion celtique, appelée culture de Hallstatt (800-500 avant JC), s'étendit à toute l'Europe mais n'atteignit pas la péninsule armoricaine. La seconde vague, nommée culture de La Tène, plus élaborée que la précédente, s'aventura plus loin à l'est et à l'ouest de l'Europe. La culture celtique de La Tène s'imposa dans la péninsule armoricaine à travers les armes, la poterie, l'art et la langue.

Ce fut pendant cette période de confrontation entre peuples celtiques et "pré-celtiques"[1] qu'apparut l'habitude originale d'incinérer les morts et de conserver les cendres dans des urnes funéraires. La culture des "champs d'urnes" apparaît dans la péninsule au moment même où elle disparaît partout ailleurs sur le continent.

L'ouest de la péninsule, là où l'on parle aujourd'hui une langue celtique, fut la dernière région du continent à être celtisée.

---

[1] Mais s'agissait-il d'une confrontation de peuples ou d'une confrontation de cultures ? La réponse n'est pas simple...

La conquête romaine
(58 avant JC-383 après JC)

44 avant JC	*Assassinat de Jules César*
27 Avant JC-14 après JC	*Auguste, empereur de Rome*
0-33	*Vie de Jésus-Christ*
70 après JC	*Destruction de Jérusalem*
381	*Le christianisme devient religion d'État de l'empire romain*

Pays celtiques	
47 après JC	*Pays de Galles : Caradog organise la résistance contre l'invasion romaine*
122-136 après JC	*Construction du mur d'Hadrien en Ecosse.*

Il est commun, mais inexact, de considérer que la France actuelle est un prolongement de la Gaule. En fait, le mot « Gaulois » (galli) utilisé par les auteurs latins est employé pour décrire, non pas un pays ou une nation, mais un ensemble beaucoup plus complexe.

César décrit ainsi la Gaule :

"La Gaule, dans son ensemble, est divisée en trois parties. L'une est peuplée par les Belges ; la

seconde par les Aquitains ; et la troisième par ceux qui se nomment Celtes dans leur propre langage, et que nous appelons Gaulois. Ces peuples sont tous différents les uns des autres par la langue, les coutumes et les lois. Les Gaulois sont séparés des Aquitains par la Garonne, et des Belges par la Marne et la Seine..."

César définit cinq nations celtiques dans la péninsule armoricaine : les Osismes à l'ouest, les Coriosolites le long de la côte nord, les Vénètes le long de la côte sud, les Riedones (> Rennes) à l'est et les Namnetes (> Nantes) près de la Loire, au sud. Ces nations, et celles situées le long de la côte, sont dites "armoricaines" (Aremoricae signifiant "face à la mer").

Le lien entre la Gaule et la France est pleinement chronologique, partiellement géographique, et aucunement "national".

La conquête des territoires gaulois par César débuta en 58 avant Jésus-Christ. Le stratège romain mit d'abord en déroute les Helvètes, ainsi que les guerriers germains d'Arioviste. Puis Jules César brisa l'indépendance des tribus belges : il envahit leurs territoires, les vainquit, et leur imposa le paiement d'un tribut.

Au cours de l'hiver 57-56, Crassus, lieutenant de César, envoya des ambassadeurs pour réquisitionner des céréales dans les tribus armoricaines. Les Armoricains refusèrent de coopérer et les emprisonnèrent. Ils s'efforcèrent de s'unir autour de la tribu la plus puissante et la mieux organisée, les Vénètes.

Ce peuple entretenait de solides relations commerciales avec l'île de Bretagne, et demanda l'aide des Bretons.

César, qui se trouvait alors en Illyrie (dans les Balkans), fut averti du danger que représentait pour

Rome une coalition armoricaine ou gauloise. Il se mit en marche immédiatement.

Afin d'empêcher que la rébellion ne se diffuse hors de la péninsule, il envoya Labienus en Gaule Belgique, Crassus en Aquitaine, et Sabinus au Nord-Ouest de la Gaule. Il tenta ensuite d'attaquer les Vénètes, mais ce n'était pas chose facile. Le pays était contrôlé par des places fortifiées situées sur des promontoires ou sur des îlots proches du continent. De plus, les défenseurs pouvaient à tout moment s'échapper sur leurs puissants navires et contrôlaient les voies maritimes.

Pour les Romains, la victoire ne pouvait être obtenue que par la destruction de la puissance maritime des Vénètes. César fit donc construire une flotte. Les navires romains étaient plus légers et plus bas que ceux des Vénètes. En revanche, ils pouvaient manœuvrer plus vite grâce à leurs rames, dont la propulsion pouvait s'ajouter ou se substituer à celle des voiles.

La grande bataille se déroula en mer, non loin de l'actuelle ville de Vannes. Au début, il sembla que les Vénètes prenaient le dessus. Mais le vent tomba. Les navires romains attaquèrent un par un les lourds bateaux vénètes immobilisés sur l'eau, et les anéantirent tous.

Après cette défaite, qui décima leur jeunesse, les Vénètes demandèrent la paix. César fit exécuter les chefs ainsi que tous les membres du Sénat vénète, et il vendit le reste de la population comme esclave.

On peut supposer que cette méthode extrême n'avait pas pour objectif de civiliser les Armoricains, mais plutôt de les terroriser. La flamme de la résistance, toutefois, ne fut pas éteinte. Six ans plus tard, répondant à l'appel du chef gaulois Vercingétorix, les Armoricains envoyèrent un détachement de 300 guerriers à la bataille d'Alésia.

Après cette dernière défaite, en 50 avant Jésus-Christ, Rome organisa l'administration gauloise. Les cinq nations celtiques de la péninsule furent considérées à part, et intégrées à l'empire comme "municipalités". Elles ne faisaient partie, ni des cités "libres", ni des cités "fédérées", mais étaient administrées directement par Rome. Le but était de contrôler toute velléité d'organisation propre.

La domination romaine, cependant, ne fut pas trop pesante. Au bout de quelques générations, elle fut admise, du moins par la population des villes.

Les cités armoricaines se développèrent, et plusieurs d'entre elles devinrent prospères : Condevincum, dont la zone commerciale était Portus Namnetum (> Nantes), Darioritum (> Vannes), Vorganium (> Carhaix), Condate (> Rennes), Fanum Martis (probablement Corseul, près de Dinan), Sulim (probablement Castennec, près de Pontivy). Un réseau de routes fut construit, ce qui facilitait les échanges commerciaux entre les habitants de la péninsule.

La Gaule romaine prospéra jusqu'à la seconde moitié du troisième siècle. Les soldats romains n'y étaient pas très nombreux : environ 3 000 sur l'ensemble des territoires gaulois. Il n'y eut pas, durant cette période, d'opposition notable à la levée des impôts ou à la présence romaine.

En 241 après Jésus-Christ, une confédération militaire de tribus germaniques, les Francs, traversa le Rhin et entra en Gaule. Elle fut vaincue par l'empereur Alexandre Sévère. Mais, dans les années qui suivirent, d'autres hordes germaniques attaquèrent la Gaule. Lorsque l'empereur romain Valérien ouvrit les portes de l'empire aux pillards venus de l'est, en 257, les Gaulois demandèrent à Postumus de les protéger ; et ils le couronnèrent empereur. Postumus sortit victorieux de la guerre contre les Germains. Il mourut en 267. Trois empereurs gaulois lui succédèrent : Lollien, Victorinus, Tetricus. En 270, Aurélien monta sur le trône impérial de Rome. Il redressa l'empire, et le protégea contre les assauts germaniques. En 273, le dernier empereur gaulois Tetricus abdiqua en sa faveur.

L'invasion germanique, enrayée sur les voies terrestres, emprunta les voies maritimes. Les pirates saxons couraient au pillage sur les deux rivages de la Manche. Les villes armoricaines édifièrent des fortifications pour se défendre. La plupart des "camps romains" que l'on trouve encore en Bretagne datent de cette période troublée. Le pays se militarisa.

L'empereur romain Dioclétien, face aux troubles, se jugea incapable de gouverner et de contrôler à lui seul l'empire. Il le divisa en quatre unités administratives. On recruta en masse de nouveaux fonctionnaires. En l'espace de quelques années, les dépenses administratives quadruplèrent, pendant que les dépenses militaires doublaient. Les impôts, évidemment, s'alourdirent. Ils devinrent de plus en plus insupportables et, pour les faire accepter, une tyrannie fiscale s'instaura.

La classe moyenne fut rapidement ruinée. Les propriétaires abandonnèrent leurs propriétés foncières, dans la mesure où les impôts étaient liés à la possession des terres. L'agriculture s'effondra; la famine, la dépopulation et le chômage grandirent. Pour combattre ces calamités, l'empire offrit aux soldats romains et aux barbares les terres qui avaient été abandonnées par les anciens propriétaires : mais personne n'accepta ce cadeau empoisonné. A la fin du IVᵉ siècle, la population avait diminué de façon spectaculaire dans la péninsule armoricaine.

La domination romaine perdait de son prestige, et de nouvelles ambitions politiques voyaient le jour. Aux rebelles, de plus en plus nombreux, se joignaient les membres de la classe moyenne qui avaient été ruinés par la politique fiscale, ainsi que les déserteurs et les aventuriers. Parmi eux, dans la péninsule, il y avait un grand nombre de Bretons.

Les origines de la Bretagne
(383-497 après Jésus Christ)

410	*Les troupes romaines quittent la Bretagne insulaire*
	Le wisigoth Alaric conquiert et saccage Rome
451	*Attila et les Huns sont vaincus à la bataille des Champs Catalauniques par le général romain Aetius*
5e siècle	*Création de royaumes wisigoths en Gaule et en Espagne*
	Pays celtiques
380-405	*Niall, Roi d'Irlande*
432	*Saint Patrick en Irlande*
425	*Le Roi celte Vortigern accueille les Saxons en Grande Bretagne*

L'immigration, de la (Grande) Bretagne vers le continent, relève d'une longue tradition d'échanges d'une rive à l'autre de la Manche. Ces échanges existaient déjà dans les temps préhistoriques, et continuèrent durant la période celtique. En 50 avant Jésus Christ, les Bretons insulaires vinrent combattre les troupes romaines aux côtés des Vénètes. Il existe des preuves de peuplement breton le long des côtes sud de la Manche dès le premier siècle avant Jésus Christ.

La première vague de colonisation bretonne dans la péninsule peut s'illustrer de deux façons : D'une part par l'histoire des soldats bretons dans l'armée romaine, d'autre part par l'histoire des Bagaudes, les rebelles contre l'ordre romain.

Depuis la conquête de la (Grande) Bretagne par César, le nombre de soldats bretons engagés dans l'armée romaine s'était considérablement accru au fil du temps. Recherche de l'aventure ou recherche de l'ordre ? A la fin du 4e siècle, au moins un cinquième de l'armée impériale stationnée en Gaule avait été recrutée dans l'île. Cette présence bretonne était disséminée dans le nord de la Gaule, mais n'était pas homogène. L'empire romain attribua aux "foederati" bretons la charge de protéger l'Armorique et de contrôler les routes maritimes aux abords de la péninsule. La présence de soldats bretons avait au moins deux avantages. Elle était utile aux Romains, pour maintenir leur domination. Elle rassurait aussi les populations locales, qui se sentaient protégées contre les bandes de pillards, et contre les pirates venus du nord.

Le nombre de soldats bretons dans la péninsule augmenta sensiblement vers la fin du 4e siècle et le début du 5e siècle, pour deux raisons liées à l'histoire de l'empire romain.

En 383, l'empire était en pleine confusion. Le faible Gratien partageait le gouvernement de l'empire romain d'Occident avec son frère Valentinien II. Il avait confié l'empire romain d'Orient à Théodose. Les appétits s'aiguisaient chez les chefs militaires. Maxime, général romain dans l'île de Bretagne, traversa la Manche avec ses soldats. Gratien fut vaincu et tué. Maxime fut couronné empereur et s'établit à Trèves, la capitale de le Gaule Belgique. Lorsqu'il envahit l'Italie en **388**, l'empereur romain d'Orient Théodose prit peur et se résolut à arrêter son expansion. Maxime fut finalement vaincu et tué près d'Aquileia (non loin de l'actuelle Venise). Le souvenir du départ vers le continent d'un grand nombre de jeunes hommes avec Maxime (connu sous le nom de Maksen Wledig au Pays de Galles) demeura longtemps dans les mémoires insulaires. De cet épisode dérive l'histoire de Conan Meriadec, lieutenant de Maxime, dont la légende dit qu'il s'installa dans la péninsule armoricaine avec ses troupes, et y créa une nouvelle nation[2].

En 406, le général romain Constantin fut à son tour couronné souverain par l'armée impériale en poste dans l'île de Bretagne. Il traversa la Manche et rassembla, avec ses propres troupes bretonnes, les soldats romains présents en Gaule. Il vainquit les barbares germains et conclut la paix avec les bagaudes. Mais il fut finalement vaincu par l'empereur Honorius.

Il est fort probable que les empereurs romains avaient choisi de placer en garnison loin des princi-

---

[2] Selon la *Vie de Saint Goeznou*, document en latin datant de 1019, voici comment il s'y prit. « Avec ses Bretons, [Conan Meriadec] conquit victorieusement toute cette région d'une mer à l'autre jusqu'à la cité d'Angers, y compris les pays de Rennes et de Nantes, et tua tous les indigènes qui étaient encore païens et pour ce motif, nommés *Pengouët*, c'est-à-dire *Têtes chenues*. Quant aux femmes, leur ayant seulement coupé la langue pour les mettre dans l'impuissance d'altérer l'idiome breton, les compagnons de Conan usèrent d'elles en mariage et aux différents offices que pouvaient requérir les circonstances.
Puis en divers lieux ils bâtirent des églises pour y chanter les louanges de Dieu ; ils partagèrent en *plous* et en trèves le pays entier, qui depuis lors par la grâce divine fut dit *petite Bretagne*. » (Cité par A. le Moyne de la Borderie, Histoire de Bretagne).

pales villes de l'empire ces turbulents soldats bretons. Les concentrer à l'ouest de la péninsule armoricaine a sans doute été une décision mûrement réfléchie.

La présence bretonne est également attestée dans les Bagaudes, ces guérilleros antiques combattant la domination romaine. Les Bagaudes étaient des groupes paramilitaires (une telle définition peut sembler exagérément moderne, mais correspond assez bien à la réalité d'alors), rassemblant des individus ruinés par la tyrannie fiscale, des aventuriers, et des déserteurs. Elles s'étaient déjà soulevées en 284-285, mais avaient été vaincues en 286. Le centre de la révolte se situait alors en Gaule celtique, entre la Seine et la Loire. Après une longue trêve durant le 4e siècle, elles se soulevèrent à nouveau. L'influence des Bretons (sans doute issus des armées de Maxime et de Constantin) dans l'organisation et l'action des Bagaudes est indiscutable. On rapporte que, en 470, des rebelles bretons aidèrent les esclaves d'un puissant propriétaire terrien à s'évader.

Dans le même temps, les cités armoricaines se rebellaient. Elles envoyèrent même un émissaire à Attila, chef des Huns, ce qui le décida peut-être à attaquer l'empire d'occident, alors que son premier objectif était l'empire romain d'Orient.

Certains Bretons défendaient l'ordre impérial, d'autres le combattaient. Dans le contexte crépusculaire du déclin de l'empire, les camps n'étaient sans doute pas très bien définis, les frontières mouvantes, les fidélités passagères. Quoiqu'il en soit, une société "bretonne" se mettait en place dans la péninsule. Les noms de Domnonée (Devon) ou Cornouaille (Cornwall), donnés à des principautés de part et d'autre de la Manche, prouvent que le peuplement breton s'organisait à l'ouest de la péninsule.

Mansuetus, "évêque des Bretons", était présent au Synode de Tours en 453. Les Bretons installés en Armorique étaient alors englobés dans l'organisation gallo-romaine en diocèses. Ils créeront plus tard leur propre organisation religieuse, lorsque les Francs deviendront les maîtres du nord de la Gaule.

Le lien entre les Bretons armoricains et les Bretons insulaires aux 5e et 6e siècles est si intime que la distinction entre les deux communautés est quasi-inexistante. Des Bretons armoricains sont connus pour avoir modelé le christianisme au Pays de Galles, et vice-versa. Saint Iltud créa une école qui forma les chefs politiques et spirituels de l'immigration bretonne. Samson, Briec, Pol, sont nés au Pays de Galles. Divi (Dewi ou David, le grand saint patron du Pays de Galles) serait né en Armorique. La mère de ce dernier, la Galloise Nonn, se serait installée à l'ouest de la péninsule, à Diri-Nonn (« Les chênes de Nonn »), où se trouve son gisant [3].

C'est pendant cette période que le Roi Arthur aurait régné sur le "royaume des deux Bretagnes". Son principal chevalier, Lancelot, était un Breton armoricain.

Après le départ des Romains, vers 410, les pillards germaniques avaient commencé à prendre pied dans l'île. Installés à l'est, leur puissance s'étendait progressivement. Néanmoins, les Bretons dominaient les trois-

---

[3] D'autres lieux revendiquent aussi la mort de la sainte et la naissance de son fils. Au nom de quoi s'en plaindrait-on, si ce n'est d'un rationalisme primaire, toujours inopportun quand on sort de l'histoire pour entrer dans la légende des grands personnages ?

quarts du territoire, jusqu'en 550. Quelques années
avant l'an 500, sous le commandement d'Ambrosius
Aurélianus, les Bretons remportèrent la bataille de
Mont Badon contre leurs ennemis germains. Il imposait ainsi une paix qui dura cinquante ans. Cette
période d'affaiblissement de la puissance saxonne sur
l'île coïncide avec l'affaiblissement du pouvoir franc
sur le continent. Le chef romain Syagrius, allié au Roi
breton Riothamnus, fit reculer les Francs de la Loire
à la Somme[4]. Riothamnus et Ambrosius Aurelianus
ne furent peut-être qu'une seule et même personne,
dont les exploits furent plus tard attribués en bloc au
légendaire Roi Arthur.

La première rencontre d'importance entre les
Francs et les Bretons eut lieu en 491. La ville de Blois,
alors aux mains des Bretons, fut attaquée par les
troupes de Clovis, Roi des Francs. Ensuite, les Francs
attaquèrent Nantes, et combattirent une alliance entre
Armoricains et Bretons. L'issue de la guerre demeura
douteuse, et un traité fut signé en 496 ou 497. Les
Bretons reconnaissaient le pouvoir des Francs, mais
non pas leur droit à gouverner ou à imposer un tribut
dans la péninsule armoricaine. Clovis reconnaissait
la légitimité du pouvoir des Bretons sur le territoire
des Coriosolites. Il acceptait le baptême et devenait
chrétien.

Le traité de 496 permettait à Clovis de neutraliser
les Bretons, et de gagner la sympathie des populations
gallo-romaines ainsi que de l'église chrétienne. Après

[4] Sur ce sujet, et en général sur les origines de la Bretagne, l'ouvrage
de référence reste "Les origines de la Bretagne", de Léon Fleuriot
(Ed Payot, 1980)

la victoire de Tolbiac sur les Alamans, il battait les Wisigoths et étendait sa domination sur la plupart des peuples de l'ancienne Gaule.

Ce traité illustre bien ce qu'étaient et ce que seraient les difficultés de compréhension entre les Francs (plus tard les Français) et les Bretons.

Les Bretons agissent et pensent dans l'intérêt de leur communauté. Ils s'installent en Armorique pour y vivre comme ils vivaient en Grande Bretagne. Ils désirent avant tout une reconnaissance de leur existence politique ; ils revendiquent ce que l'on appelle aujourd'hui le droit à l'autodétermination. Dans leur univers de pensée, la paix et l'ordre reposent moins sur des hiérarchies que sur des limites.

Les Francs ne constituent pas une nation, mais une coalition de différents peuples : Chamaves, Ansivariens, Sicambres, Bructères, Saliens... Ils désirent une reconnaissance, non pas de leur existence mais de leur puissance politique ; ils revendiquent ce que l'on appelle aujourd'hui le droit d'ingérence[5]. Dans leur univers de pensée se construisent des hiérarchies entre les hommes, les titres et les terres. Ces préoccupations seront essentielles pour les rois français au cours des siècles suivants. En 1214, la victoire du Roi français Philippe-Auguste sur l'empereur Otton à la bataille de Bouvines sert principalement à briser la hiérarchie – toute théorique – entre le Roi et l'Empereur. En 1259, le Roi français Louis IX (Saint Louis) concédera au Roi anglais le pouvoir sur des territoires étendus comme le Limousin, le Périgord, le Quercy, en échange de sa suzeraineté sur le monarque anglais

---

[5] ... Du plus fort chez le plus faible, est-il besoin de le préciser ?

pour la province de Guyenne.

Pour les Bretons, l'ordre du monde est dans l'équilibre, et donc dans la diversité ; Pour les Francs, il est dans l'unité, et donc dans la hiérarchie. L'Église franque, nouvellement constituée, s'est immédiatement efforcée d'étendre sa suprématie sur les autres églises. En 510, elle attaque le clergé breton sur la question des assistantes, les "conhospitae". Les prêtres bretons se faisaient assister par des femmes pendant les offices, ce qui scandalisait les Francs. Un autre aspect du christianisme celtique était le clergé errant, qui allait d'une communauté à l'autre avec des autels portatifs. Ces religieux hors de la hiérarchie cléricale étaient une aberration pour les Francs.

En 567, le clergé franc essaya ouvertement de prendre le contrôle de l'église bretonne. Il lui faudra des siècles pour y parvenir.

La seconde vague
d'immigration bretonne :
Les royaumes bretons
(497-714)

Après le traité de 496, l'immigration bretonne se concentra sur les territoires des Osismes, des Vénètes et des Coriosolites, c'est-à-dire à l'ouest de la péninsule armoricaine. Cette seconde vague d'immigration, qui fut puissante mais limitée géographiquement, semble avoir été organisée par des chefs religieux. Ils s'installèrent d'abord sur les îlots proches de la terre ferme. Saint Pol débarqua à l'île de Batz, puis s'en alla à l'île d'Ouessant. Maudez et Budoc s'installèrent d'abord sur l'île de Tibidi. Groix et Belle-Île gardent le souvenir de Saint Tudi et de Saint Gwenaël.

D'où venaient ces hommes, considérés comme des saints par les Bretons ? La plupart venaient du Sud du Pays de Galles (Pol, Malo, Tudual, Meven, Briec, Samson, Carantoc, Ninnog... pour n'en citer que quelques uns). D'autres venaient de Domnonée (l'actuel Devon), tels Cado ou Congar. D'autres encore venaient d'Irlande, comme Ronan, Briac, Jaoua, Tenenan, Sezni, Guigner (Fingar), Brandan. Les relations entre Bretons insulaires et Bretons armoricains se sont inscrites clairement dans l'histoire. La présence d'Irlandais en Armorique est plus étonnante, et suggère l'existence de liens "celtiques" qui ne sont pas complètement élucidés[6].

Les chefs religieux étaient souvent apparentés aux chefs politiques, d'un côté ou de l'autre de la Manche. Ainsi Cadoc est-il lié aux princes de la province de Gwent au Pays de Galles. Gurthiern et Ninnog sont issus d'une famille royale de l'Est du Pays de galles. Meven est lié par le sang au prince breton Judicaël. Winnoc et Judoc sont membres de la famille royale de Domnonée.

Ces chefs religieux étaient des meneurs charismatiques, des organisateurs, et des diplomates. Ils s'installèrent avec leurs troupes dans des zones peu habitées. Les immigrants achetaient souvent ces territoires aux chefs locaux. Cela signifie deux choses : d'une part qu'ils étaient assez riches ; d'autre part que leur installation était négociée. Elle ne pouvait se réduire à

---

[6] Dans la légende irlandaise de Finn Mac Cool, un des alliés les plus proches de l'Irlandais, lors de la grande bataille, est un Breton armoricain. Présence étonnante elle aussi, non élucidée...

l'alternative simpliste entre un accueil amical ou une opération de force[7].

L'immigration fut favorisée par le Roi de France Childebert (511-558). Elle renforçait son influence sur les Bretons, en Armorique et en Bretagne insulaire. Il établit des alliances avec des princes bretons, dans le but de maintenir la tradition de bonne entente, et surtout d'allégeance, qui existait entre l'empire romain et les chefs bretons.

Cependant, cette stratégie n'était pas partagée par tous les princes francs. Childebert avait été en conflit pendant des années avec son frère Clotaire. Quand le Roi franc mourut en 558, Clotaire attaqua la coalition des troupes de Childebert, de Chramme (qui était son propre fils) et de Chonoo, Roi des Bretons. Chonoo et Chramme furent tués vers 560. Clotaire mourut en 561, mais l'antagonisme entre Bretons et Francs continua de s'amplifier.

En Grande Bretagne, les Bretons étaient repoussés vers l'ouest par les Germains. La soi-disant invasion "saxonne" était en fait assez hétérogène. L'élément franc, par exemple, est très présent dans les régions du Kent et du Sussex. Les Bretons qui immigraient en Armorique pouvaient prendre leur revanche en participant aux raids contre les territoires francs, pour le profit des royaumes bretons.

Confrontés à cet afflux d'hommes combatifs, l'ambition des princes bretons s'aiguisa. L'histoire de Conomor illustre bien les mœurs de l'époque et cette

---

[7] La présence initiale des chefs religieux sur les îlots a parfois été décrite comme une macération mystique. Mais n'était-elle pas plutôt dictée par la recherche d'un lieu de résidence neutre et facile à défendre, pendant les longues et dangereuses négociations ?

dévorante ambition de puissance. Seigneur de la petite principauté du Poher, dans le centre de l'Armorique, il conquit d'abord une partie des territoires appartenant au Léon. Puis il se maria avec la veuve du seigneur de Léon, héritière par ailleurs de la Domnonée. Il prit possession de tous ces domaines en 540. Ensuite il tenta d'assassiner Judual, l'héritier légitime, qui s'enfuit à la cour de Childebert. Il prit sous sa protection Melar, héritier de la principauté de Cornouaille, qui fut malheureusement assassiné.

A la mort de sa femme, il épousa Trifine, fille de Waroc, Roi du pays de Vannes. Conomor demanda alors à jouir immédiatement de l'héritage de sa femme. S'il avait pu tenir dans ses mains le Poher, le Léon, la Domnonée et le Pays de Vannes, il aurait été le Roi breton le plus puissant d'Armorique. Peut-être rêvait-il, avec trois siècles d'avance, à une Bretagne armoricaine unie sous un seul chef ?

Waroc refusa de céder à Conomor le Pays de Vannes. L'espoir brisé, fou de rage, celui-ci tua Trifine...

Cependant, la résistance contre la brutalité et les méthodes expéditives de Conomor s'amplifiait. Au concile religieux du Menez Bré, Conomor fut condamné et excommunié par les autorités ecclésiastiques, sous l'influence de Saint Hervé. Judual, conforté par cet appui, revint d'exil, rassembla ses troupes et attaqua Conomor. La dernière bataille se déroula à Brank-Halleg, en 554 ou 555. Conomor fut vaincu et tué.

Sur le site de la bataille, dans les Monts d'Arrée, actuelle paroisse de Plounéour Menez, fut fondée l'abbaye du Relecq. Des moines, menés par Saint Tanguy, y fondèrent le premier monastère quelques années après la bataille. Ils trouvèrent dans la lande d'innombrables ossements humains qu'ils rassemblèrent, et nommèrent l'endroit d'un nom qui, en français, signifie "reliques".

L'antagonisme entre Bretons et Francs s'aggravait. Sur l'île, les Bretons étaient repoussés vers l'ouest par les Germains victorieux. Ils émigraient en grand nombre, et se dirigeaient presque exclusivement vers les royaumes bretons de la péninsule. Pour éviter des tensions explosives chez eux, ceux-ci dirigeaient les ardeurs des nouveaux arrivants vers leur voisinage, et étendaient de même coup leurs territoires. Macliau (567-577) succéda à Chonoo. Puis vint le Roi Waroc II, qui prit possession de la ville de Vannes en 578 et poursuivit la progression vers l'est. Les Bretons envahirent la région de Nantes en 587, et vraisemblablement celle de Rennes en 594.

En 613-616, le roi breton de Domnonée Judicaël attaqua les Francs une fois de plus. Vers 635 une trêve fut signée entre les Bretons et le Roi franc Dagobert. Les Francs établirent les "Brittanorum limes" (frontières des Bretons), appelées plus tard "Marca Britanniae" (Marche de Bretagne). La Marche, dont le seigneur le plus célèbre sera Roland, neveu de Charlemagne, semble avoir été un glacis défensif contre les attaques bretonnes. Ainsi, la première frontière bretonne à apparaître dans l'histoire fut mise en place par les Francs.

La menace franque
(714-840)

En 714, quand Charles Martel devint maire du palais et ministre du Roi des Francs, un vent nouveau souffla sur le pays. Il unifia les territoires francs. Il conclut ensuite des alliances avec les Frisons, les Saxons, les Alamans, les Thuringiens et les Bavarois. Il bloqua l'expansion musulmane en Europe à la bataille de Poitiers en 732. Il imposa sa suzeraineté à l'Aquitaine et à la Provence.

Son fils Pépin le Bref (714-768) déploya la même énergie que son père. Il fut, dans un premier temps, maire du Palais (741-751). Puis il fut couronné Roi des Francs en 751 et fonda la dynastie carolingienne. Il étouffa les rebellions à l'intérieur du domaine franc. Il attaqua les Lombards en Italie, et offrit au pape le territoire qu'il avait conquis. Il écrasa les musulmans à la bataille de Narbonne, et vainquit les Saxons et les Bavarois.

Jusqu'alors, la Bretagne était divisée en trois grandes principautés : la Cornouaille, la Domnonée, et le pays de Vannes (Bro Waroc). Ces principautés étaient subdivisées elles-mêmes en petites communautés souveraines. Cette dispersion du pouvoir n'avait aucune conséquence néfaste tant que le pouvoir franc était lui-même faible et divisé. Avec la dynastie carolingienne, les Bretons durent modifier leurs habitudes politiques, et s'unir afin de résister aux ambitions de leurs voisins.

En 753, Pépin le Bref et les Francs envahirent le Sud de la Bretagne, et pillèrent la ville de Vannes. Ils voulurent imposer un tribut, que les Bretons ne payèrent pas. Le fils de Pépin, Charlemagne, attaqua par trois fois la Bretagne, en 786, 799 et 811. Il ne put néanmoins y établir une suzeraineté permanente.

Le fils de Charlemagne, Louis le Débonnaire, essaya à son tour d'imposer un tribut aux Bretons. Ces derniers se rassemblèrent autour d'un chef de guerre : Morvan, appelé "Lez Breizh" ("hanche" ou "soutien" de la Bretagne). A l'ambassadeur des Francs, le moine Witkar, qui venait réclamer la soumission des Bretons en 818, Morvan répondit fièrement :

"Va promptement trouver ton maître, et répète-lui mes paroles. Je n'habite point sa terre, je ne veux pas subir sa loi. Qu'il règne sur les Francs, soit. Morvan règne sur les Bretons. Si les Francs nous font la guerre, la guerre nous leur rendrons. Nous avons des bras, nous saurons nous en servir."

Louis le débonnaire envoya une armée en Bretagne, qui fut vaincue. Alors il rassembla une grande troupe dont il prit lui-même le commandement. Il attaqua la Bretagne, pillant et massacrant tout sur son passage. Morvan mena une guerre d'embuscades. Mais il fut tué, et les troupes bretonnes durent se disperser. Néanmoins une légende naissait, qui unifiait les Bretons.

Le chroniqueur franc Ermold le Noir rapporta les dernières paroles de Morvan :

"Courir à la mort pour l'honneur de ma nation et la défense de ma terre natale, mon cœur ne connaîtra jamais un plus grand bonheur."

L'auteur signale ces paroles comme une excentricité. Les Francs, eux, ne combattaient pas pour une terre natale, mais pour accroître un pouvoir et imposer un tribut. Ce texte témoigne du début d'un nationalisme breton qui fleurira quelques années plus tard.

Les Bretons se soulevèrent de nouveau en 822, sous le commandement de Wiomarc'h. En 824, Louis le Débonnaire revint en Bretagne avec son armée. Il la divisa en trois corps, chacun s'efforçant de semer la ruine et la désolation. Après quarante jours de destructions et de massacres, Wiomarc'h se soumit.

Le Débonnaire savait que la soumission des Bretons était superficielle. En 825, il fit assassiner Wiomarc'h par Lantbert, Comte des Marches de Bretagne. Puis il choisit un prince breton pour gouverneur de la Bretagne et représentant du pouvoir franc. La démarche aurait pu être astucieuse. Les Bretons, gouvernés par un homme de leur sang, auraient pu se sentir reconnus dans leurs coutumes et leurs lois au sein de l'empire. La volonté impériale aurait pu être assez lointaine et assez bienveillante pour rester tolérable.

Peut-être ce prince, du nom de Nominoë, était-il trop breton. Peut-être était-il au contraire trop influencé par la conception franque du pouvoir politique.

Quoiqu'il en soit, la décision impériale annonçait une nouvelle ère pour la Bretagne.

Les rois bretons
(840-907)

Durant le règne de Louis le Débonnaire, à qui il avait prêté allégeance, Nominoë demeura loyal et maintint la Bretagne en paix. Entre 825 et 840, il s'efforça d'unir le pays. Il protégea la Bretagne des invasions franques, et évita que ne dégénèrent les provocations frontalières. Il ne participa jamais aux complots ni aux intrigues qui se nouaient et se dénouaient à la cour du Roi franc.

Il mit tout d'abord en place un maillage religieux. Dans la ville de Redon, au carrefour entre le Pays de Nantes gouverné par les Francs, le Pays de Vannes dont l'évêque était franc, et le Pays breton de Rennes,

il aida le moine breton Konwoion à établir un monastère. Cette communauté religieuse, établie à un point
stratégique, vécut d'abord sous la règle celtique de
Saint Columba, puis sous la règle de Saint Benoît.

A la mort du Débonnaire en 840, l'empire carolingien fut ébranlé par les rivalités entre les trois fils du Roi
défunt. Charles le Chauve et Louis le Germanique se
liguèrent contre Lothaire, qui avait hérité du titre d'empereur. Le 25 juin 941 les factions franques se rencon-
traient à la meurtrière mais inutile bataille de Fontanet.

La poire était mûre. Nominoë releva brusquement
la tête et rassembla les troupes bretonnes qui envahirent la Marche de Bretagne. En 843, les Bretons, alliés
aux troupes franques du Comte Lantbert, conquirent le
comté de Nantes.

En août 843, les trois fils du Débonnaire signèrent la
paix et se partagèrent l'héritage par le Traité de Verdun.
Charles le Chauve reçut la partie ouest de l'empire.
En novembre de la même année, il chevauchait vers
la Bretagne avec des intentions guerrières. Mais l'hiver
n'est pas une saison propice à la guerre, et il rebroussa
chemin.

En 844, Lantbert fit assassiner les chefs francs que
le Roi avait envoyés contre lui. Nominoë organisa des
expéditions vers l'est, jusqu'au Mans.

Durant le printemps 845, Le Roi Charles rassembla
une immense armée contre la Bretagne. Nominoë et
les guerriers bretons l'attendirent dans une zone maré-
cageuse appelée Ballon, proche de la ville de Redon.
Les troupes franques partirent à sa rencontre pour
livrer bataille.

Dans un tel endroit, il leur était impossible de
combattre selon les techniques habituelles. A vrai

dire, il n'y eut pas de bataille rangée, mais d'incessantes offensives, des coups de mains, des embuscades bretonnes contre les soldats francs. La cavalerie légère de Nominoë attaquait soudainement la lourde armée franque, puis disparaissait dans les marais. Il ne restait aux Francs qu'à compter leurs morts. Après deux jours d'un tel traitement, l'armée franque commençait à céder à la panique. Charles le Chauve fut pris de folie, et s'enfuit durant la nuit sans en avertir ses troupes.

Au matin du troisième jour, lorsque les soldats francs apprirent la nouvelle, ils furent démoralisés. Les Bretons attaquèrent le camp ; les fuyards furent poursuivis et impitoyablement massacrés.

En 846, Charles le Chauve revint en Bretagne avec de nouvelles troupes. Mais, alors qu'il s'approchait, la peur qu'il avait éprouvée à Ballon le reprit soudainement. Et, au lieu de faire la guerre, il demanda la paix. Il reconnut l'indépendance de la Bretagne et la légitimité de Nominoë.

Pour consolider l'indépendance, Nominoë se devait de prendre – et d'imposer – certaines décisions politico-religieuses.

Les évêques francs furent accusés de simonie, c'est-à-dire de négocier les sacrements pour de l'argent. A Rome, le pape Léon IV et un synode condamnèrent les évêques francs, et les remplacèrent par des évêques bretons. L'Église franque essaya de plaider la cause des évêques corrompus, mais sans succès.

Nominoë établit ensuite un siège métropolitain dans la ville de Dol, et coupa les liens entre l'Église bretonne et les prélats francs.

Le pape Léon IV reconnut la souveraineté de Nominoë, qui fut sacré Roi par l'archevêque de Dol en 848.

En 850, les troupes bretonnes envahirent les régions frontalières de la Bretagne, s'établirent solidement dans les villes de Rennes et de Nantes, et fixèrent ainsi les limites historiques de la Bretagne.

Nominoë mourut en juillet 851. Il est le fondateur du premier État de Bretagne, et le père de la nation bretonne.

Erispoë, son fils, lui succéda. Charles le Chauve, en apprenant la mort de Nominoë, déclara sur-le-champ la guerre aux Bretons. En août 851, à la bataille du Grand-Fougeray (entre Rennes et Nantes), les armées franques furent taillées en pièce par les troupes bretonnes, qui utilisèrent les mêmes méthodes que lors de la bataille de Ballon. Une fois de plus, Charles le Chauve s'enfuit seul, chevauchant à perdre haleine jusqu'à la ville d'Angers.

Après cette défaite, le Roi franc reconnut de nouveau l'indépendance de la Bretagne. Il reconnut aussi la légitimité d'Erispoë et le rattachement à la Bretagne des territoires frontaliers de Rennes, de Nantes, et de Retz (sud de la Loire).

Durant le règne d'Erispoë, les attaques des Vikings en Bretagne s'intensifièrent. Déjà en 843 ils avaient mis à sac et incendié la ville de Nantes. Ils recommencèrent en 853 et s'installèrent sur un îlot de la Loire, d'où ils rançonnaient les navires qui passaient sur le fleuve.

Erispoë fut assassiné en 857 par Salaün, son cousin, qui devint Roi de Bretagne.

Sous le règne de Salaün, la monarchie bretonne atteignit son apogée. En 863, Charles le Chauve céda une partie de l'Anjou à la Bretagne. En 868, il céda encore la presqu'île du Cotentin. Salaün pouvait alors, non sans raison, se parer du titre de "Prince de la Bretagne et d'une partie de la Gaule".

Il organisa la justice et l'administration. Il s'allia aux Francs pour combattre les Vikings.

Les finances bretonnes étaient prospères, et Salaün pouvait même offrir au pape Adrien II sa statue en or grandeur nature, une couronne en or sertie de pierres précieuses, et bien d'autres trésors.

Un complot contre Salaün fut ourdi par son propre gendre, Pascwiten, et par le gendre d'Erispoë, Gurvand. Ils livrèrent le roi breton aux Francs qui l'assassinèrent en 874.

Pour sa mort, qui fut considérée comme une expiation de son propre crime, et en souvenir de sa générosité et de la prospérité de son règne, Salaün est considéré comme un saint ("Saint Salaün" ou "Saint Salomon") par les Bretons.

A la mort de Salaün, la situation en Bretagne devint instable. D'une part les seigneurs bretons et les chefs de clans, les machtierns, voulurent se dégager de la tutelle royale. D'autre part, les invasions vikings s'accrurent considérablement.

Alain, frère de Pascwiten, réussit à unifier les Bretons et mit les Vikings en déroute à la bataille de Questembert (888). Il fut couronné Roi, et régna sur une Bretagne pacifiée jusqu'à sa mort, en 907. La postérité lui a décerné le nom flatteur d'Alain le Grand.

L'anarchie réapparut à la mort du Roi Alain. Les rivalités des princes et les ravages des Vikings firent basculer le pays dans la désolation.

Les ducs bretons
(907-1148)

De 907 à 936, la Bretagne sombra dans la guerre et l'anarchie. Il n'y avait plus de roi pour maintenir l'autorité légitime. Les Vikings tirèrent parti des divisions pour envahir, piller, détruire et massacrer. La ville de Nantes fut mise à sac. Le monastère de Saint Gwénolé, à Landévennec, fut lui aussi saccagé. Les comtes et les machtierns s'enfuirent en France et en Grande-Bretagne. Les reliques des saints bretons furent emportées et mises à l'abri dans de lointaines abbayes.

Les soulèvements locaux contre les hommes du Nord (Ils seront appelés "Normands" après leur conquête de la "Normandie") furent réprimés. Ils démontraient néanmoins que la flamme de la résistance brûlait dans le cœur du peuple.

Le moine Yann, abbé de Landévennec, était conscient de la volonté populaire. Mais comment la satisfaire, et libérer la Bretagne de l'oppression normande ?

Il fallait un meneur, jeune et courageux. Yann le trouva en la personne d'Alain Barbe-Torte. C'était le fils de Matuedoi, Comte du Poher, et petit-fils d'Alain le Grand. Alain, qui s'était exilé à la cour du Roi anglais Athelstan, accepta de relever le défi.

En 936, accompagné d'une troupe de guerriers, Alain débarqua du côté de Dol, sur la côte nord de la Bretagne. Il détruisit les colonies normandes de Dol, Saint-Brieuc, et Plourivo. Ces succès eurent un immense impact. Les Bretons se soulevèrent en masse. En 937, Le Comte Even, chef du pays de Léon, battit les Normands à la bataille de Kerlouan.

La marche d'Alain Barbe-Torte devint irrésistible. Il chassa les Normands de Nantes, et fut couronné Duc de Bretagne. Ce titre ("le chef", "le meneur") sera conservé par les souverains bretons, au lieu de celui de roi. Les Normands furent définitivement chassés de Bretagne après la bataille de Trans (au sud de Dol) en 939.

Les comtes et les machtierns revinrent, après des années d'exil. Mais le pays avait changé. Les exilés, eux aussi, avaient changé. En France et en Grande Bretagne, ils avaient découvert le système féodal. De retour en Bretagne, ils abandonnèrent l'ancien système, fondé sur des liens personnels de vassalité et d'obligation réciproque. Il est vrai qu'en choisissant l'exil et en abandonnant leurs sujets, ils avaient déjà renié la réciprocité des obligations.

Les exilés, dont beaucoup s'étaient francisés, ne parlaient plus la langue du peuple, ce qui les en éloigna encore plus. Le développement de la langue bretonne vers l'est s'enraya.

Les possessions bretonnes de l'Est, la Mayenne et le Cotentin, étaient perdues. Les frontières de la Bretagne ressemblaient de nouveau à celles du temps de Nominoë.

L'autorité d'Alain Barbe-Torte était réelle sur les comtés de Nantes et de Vannes, et sur le Poher, autour de Carhaix. Ailleurs, elle était seulement nominale ; c'était celle d'un lointain suzerain. Juhel Beranger gouvernait le comté de Rennes, Even celui du Léon, et Budic celui de Cornouaille.

Le règne d'Alain Barbe-Torte fut relativement calme. En 944 cependant un conflit éclata entre le Duc et le Comte de Rennes, Juhel Béranger. Mais ils se réconcilièrent immédiatement lorsqu'une bande de pirates normands attaqua le nord de la Bretagne et mit à sac la ville de Dol.

Le féodalisme ne correspondait pas réellement au tempérament des Bretons, ni aux proximités familiales, ni aux intérêts du duché. Vers 950, Alain Barbe-Torte commença à émanciper les serfs de ses propres domaines. Au lendemain des terribles saignées dues aux invasions normandes, l'exclusion du servage était un moyen efficace de repeupler la Bretagne. Dans cet esprit, Alain conclut aussi un arrangement avec le Roi

français Louis IV. L'accord permettait aux serfs qui se réfu-
giaient en Bretagne d'obtenir leur liberté, et le privilège
de ne pouvoir être poursuivis par leur maître. Ces réformes libérales se heurtèrent à la résistance des seigneurs,
comme en témoignent les révoltes rurales de la fin du Xe
siècle, brutalement réprimées. Mais, à partir du XIe siècle,
le nom de serf ne paraît plus dans les documents bretons,
sauf dans certaines zones du Léon. Les tenanciers non
nobles des campagnes sont désignés sous les noms de
villani (habitants des villages), *rustici* (habitants des campagnes) ou *censarii* (hommes soumis à une redevance, le
cens). En France, le servage ne sera réellement aboli que
800 ans plus tard, lors de la Révolution.

Alain Barbe-Torte mourut en 952.

De 952 à 958, Drogon, le très jeune fils d'Alain,
fut considéré comme l'héritier légitime du trône ducal.
Mais il mourut six ans après son père.

Jusqu'en 990, la situation fut incertaine. Le comté
de Nantes était gouverné par Hoël, fils naturel d'Alain
Barbe-Torte. Le comté de Rennes était gouverné par
Conan le Tort, fils de Juhel Béranger. Le conflit entre
les deux dynasties perdura jusqu'à la mort de Guerec,
successeur de Hoël à Nantes, en 988.

Conan alors envahit la ville de Nantes et prit le
contrôle du comté de Vannes. En 990, il fut couronné
Duc de Bretagne à Nantes.

Conan fut tué en 992 au cours d'une bataille contre
le Comte d'Anjou, Foulque Nerra. L'aîné des fils de
Conan, Geoffroi, devint alors Duc de Bretagne.

Geoffroi déclara la guerre à Judicaël, Comte de
Nantes. En 995, tous les Bretons reconnurent Geoffroi
pour Duc. Celui-ci mourut en 1008, au cours d'un
pèlerinage à Rome.

Le fils de Geoffroi, Alain, succéda à son père sur le trône ducal sous le nom d'Alain III. Au début de son règne, les paysans se soulevèrent contre les seigneurs. Alain se joignit aux nobles. Mais il est probable qu'il leur demanda ensuite de supprimer le servage, comme c'était le cas dans les domaines ducaux.

Lorsque Havoise, la mère d'Alain III, mourut, les relations entre le Duc et son plus jeune frère, Eudon, se détériorèrent. Une guerre fratricide éclata ; elle dura deux ans, Eudon obtint le fief de Penthièvre, qui englobait les évêchés de Tréguier et de Saint Brieuc, au nord de la Bretagne.

Robert le Diable, Duc de Normandie, confia son fils bâtard Guillaume (le futur Guillaume le Conquérant) à la garde d'Alain III, et partit en pèlerinage vers la Terre Sainte. Mais Robert mourut à Nicée, et Alain III dut combattre les comtes normands pour assurer les droits de Guillaume à la couronne de Normandie. Le Duc mourut en 1040, probablement empoisonné par les ennemis de son protégé.

Pendant le règne d'Alain III, le féodalisme breton se développa de façon très spécifique. Les fiefs étaient définis géographiquement et hiérarchiquement. Les classements et préséances provoquaient de perpétuelles aigreurs parmi les féodaux ; chacun désirait évidemment un rang supérieur à celui qui lui était attribué.

L'attribution des terres fut aussi dictée par des arrière-pensées de défense frontalière. Les ducs de la dynastie rennaise attribuèrent les terres proches de la frontière française aux seigneurs dont l'énergie et le sentiment national constituaient la meilleure garantie face aux voisins de l'Est. Il faut dire que, durant deux siècles, la loyauté fut une qualité rare, et qui méritait la plus grande attention. Les féodaux étaient toujours prêts à se rebeller, et prompts à réclamer des honneurs, de la terre, et de l'argent.

Le féodalisme eut des effets désastreux sur le zèle religieux du clergé. Les problèmes de hiérarchie, d'honneurs, d'influence et d'argent empoisonnaient la vie ecclésiastique. Le monachisme breton s'opposa à cette perversion. Avec l'aide des papes romains, les moines restaurèrent la discipline, la puissance et la prospérité de l'Église bretonne durant les XIe et XIIe siècles.

De 1040 à 1055, Eudon, le terrible frère d'Alain III, gouverna la Bretagne. Mais dès qu'il le put, Conan, le jeune fils d'Alain, revendiqua la couronne ducale et demanda à son oncle de se retirer. Le conflit entre Conan et Eudon dégénéra, et Eudon fut finalement vaincu.

En 1064, Conan dut entrer en guerre contre Guillaume de Normandie, qui avait été appelé en Bretagne par un vassal rebelle, Riwallon. Guillaume envahit les villes de Dol et de Dinan. Cet épisode est décrit sur les fameuses tapisseries de Bayeux, les tapisseries de la reine Mathilde. Toutefois, l'épilogue de l'attaque normande n'y est pas relaté. C'est bien dommage, car il est intéressant, bien que peu glorieux pour les Normands. Les troupes normandes, affamées, voulurent se ravitailler dans les domaines de Riwallon, seigneur de Combourg. Or, si Riwallon les avait laissé faire, il aurait été ruiné, ce qui n'était pas son but en les appelant. Les Normands furent donc rejetés par tous les Bretons, et durent rapidement rentrer chez eux.

Après cet épisode, Conan II envahit les terres des seigneurs rebelles, et instaura la paix dans le pays.

En 1066, Conan réclama la couronne de Normandie.

Son père, Alain III, était en effet par sa mère Havoise l'héritier direct et légitime du Duc normand Richard I. Mais Conan fut empoisonné la même année sur ordre de Guillaume le Bâtard, qui n'avait pas encore le titre de Conquérant.

La couronne de Bretagne revint à Hoël, beau-frère de Conan II, Comte de Cornouaille et de Nantes. Par sa femme, Hoël devint aussi Comte de Rennes et de Vannes. Ainsi, le nouveau Duc possédait personnellement les cinq-sixièmes de la Bretagne. Une telle situation lui conférait une supériorité incontestable sur une éventuelle coalition féodale.

De toute façon, les seigneurs les plus turbulents n'étaient plus en Bretagne. Ils avaient suivi Guillaume en Angleterre. Certains d'entre eux se battirent comme des lions. Pour leur bravoure, ils reçurent de grands domaines sur l'île. L'un d'eux, Raoul de Gaël, seigneur de Brocéliande, reçut même un royaume, celui d'East Anglia. Quelques années plus tard, Raoul se rebella contre Guillaume et, après une guerre qui dura sept ans, il dut abandonner son royaume. Il revint en Bretagne en 1075.

A son retour sur la terre natale, le fougueux Raoul trouva une conspiration de féodaux – parmi eux figurait le vieil Eudon – contre le Duc. Il s'y engagea, et transforma la conspiration en une rébellion ouverte, qui dura jusqu'en 1079.

Lorsque Hoël mourut, en 1084, son aîné Alain IV, connu sous le nom d'Alain Fergent, monta sur le trône ducal.

En 1086, Guillaume le Conquérant voulut obtenir l'allégeance du Duc de Bretagne. Il attaqua le pays de Rennes et assiégea la ville de Dol. Mais lorsqu'il apprit qu'Alain Fergent, assisté d'une puissante armée, arrivait pour le combattre, il repartit si vite qu'il en abandonna son camp. Selon le chroniqueur normand Orderic Vidal, Alain rassembla, sans coup férir, un butin d'une valeur de 15000 livres sterling, ce qui à l'époque était une somme considérable.

Guillaume redoutait son voisin de l'Ouest ; il jugea plus judicieux de s'en faire un parent plutôt qu'un ennemi. En 1087, Alain épousa Constance, fille du Conquérant. Mais la princesse mourut trois ans plus tard sans progéniture.

En 1093, Alain se remaria à Ermengarde, fille du Comte d'Anjou. En 1096, il quitta le pays pour la croisade, avec le Duc de Normandie, le Comte de Flandre, et une troupe de chevaliers bretons parmi lesquels figurait Raoul de Gaël, toujours aussi batailleur.

Cinq ans plus tard, Alain Fergent revint de Terre Sainte, avec les survivants de la troupe bretonne. Les croisés ne rapportaient pour tout trésor qu'une conviction. C'était celle que, si leur réputation devait leur survivre, ce ne devait pas être par des actes guerriers, mais par des actions pieuses et charitables. La Bretagne resta en paix jusqu'à la fin du règne d'Alain Fergent, en 1112. Le Duc donna le duché à son fils Conan, et se fit moine à l'abbaye de Redon, où il mourut en 1119.

Durant le long règne de Conan III (1112-1148), il n'y eut aucune rébellion féodale. C'est le Duc qui prit l'initiative de l'attaque. En s'efforçant d'établir la paix et la justice sur tout le pays, il fut amené à châtier les seigneurs qui agissaient comme des bandits ou des tyrans.

Sous la douce influence de sa mère Ermengarde, il supprima la loi qui autorisait le seigneur à s'approprier les biens des naufragés. Il supprima aussi la loi permettant au seigneur d'hériter des biens d'un sujet qui mourrait sans héritier direct.

En quelques mots...
La nation bretonne
au temps des ducs

LA SOUVERAINETÉ BRETONNE. Elle s'est cla-rifiée et renforcée. Les Francs et les Normands ont voulu soumettre les ducs bretons. Non seulement les souverains, mais aussi le peuple se sont engagés dans le combat pour l'indépendance.

LA COHÉSION NATIONALE. Les ducs, et plus particulièrement ceux de la dynastie de Rennes, ont sans cesse brassé les seigneurs et les popula-tions de l'Est de la Bretagne avec ceux de l'Ouest. Contrairement au féodalisme français ou anglais, le seigneur féodal breton et ses sujets sont du même sang. Le féodalisme breton est un système de hié-rarchisation des hommes, fondé sur une hiérarchi-sation des terres, et non un système de domination d'une ethnie par une autre.

LA RÉBELLION DES SEIGNEURS FEODAUX. D'Alain Barbe-Torte à Conan III, les ducs ont été confrontés à la fronde des seigneurs féodaux. Sous Conan, la souveraineté du duc sur les seigneurs féodaux est enfin admise.

LE DÉCLIN SPIRITUEL. Le féodalisme a conduit le clergé séculier au déclin spirituel. Les paroisses sont gérées comme des fiefs, et la principale préoccupation des prêtres est d'en collecter les revenus auprès des habitants. La spiritualité a été restaurée par les monastères.

La domination anglaise
(1148-1203)

XIIe siècle	*Construction du temple d'Angkor Vat au Cambodge*
1203-1227	*Gengis Khan bâtit un empire mongol en Asie*
	Pays celtiques
Vers 1140	*Premier manuscrit de "Histoire des Rois de Bretagne", de Geoffrey de Monmouth*
1137-1170	*Pays de Galles : règne d'Owain Gwynedd*

En 1148, à la mort de Conan III, la seule héritière légitime du duché était sa sœur, Berte. De son premier mariage, Berte avait un fils du nom de Conan.

Après la mort du Duc, le pays fut gouverné par Berte et par son second mari, Eudon de Porhoët, guerrier intrépide et patriote indomptable. De jeunes seigneurs turbulents en appelèrent à Conan, qui s'allia à Hoël, Comte de Nantes. La coalition ainsi formée déclara la guerre à Eudon, mais fut défaite en 1154. Conan s'enfuit en Angleterre, gouvernée alors par Henri II Plantagenêt, Duc d'Anjou et cousin de Berte. Il demanda protection au Roi anglais qui fut ravi de l'aubaine, et lui offrit des troupes pour conquérir son trône. Conan rentra en Bretagne en 1155, et rallia à lui les féodaux. Eudon, isolé, dut s'enfuir en France.

Conan fut proclamé Duc de Bretagne en 1156. La même année, Hoël fut expulsé de son comté de Nantes par la population qui se choisit pour nouveau gouverneur Geofroi d'Anjou, frère de Henri II.

Quand Geofroi mourut, Conan s'empara du comté de Nantes, mais Henri II réclama pour lui-même cette partie de la Bretagne. Conan accepta. Les seigneurs bretons, révoltés par cette intrusion étrangère dans leurs affaires, organisèrent la résistance contre les Anglais, mais furent vaincus à Fougères en 1166.

Conan IV accepta de marier sa fille Constance, âgée de 5 ans, au troisième fils de Henri II, Geofroi. Le Roi anglais prit possession de la Bretagne au nom de Geofroi, et Conan IV abdiqua sans résistance.

Pendant 15 ans (1166-1181), les Bretons durent supporter la tyrannie d'Henri II. Les Anglais tentèrent, par les massacres, la terreur et la rapine, de transformer la Bretagne en une province anglaise. En 15 ans, on ne compta pas moins de 8 rébellions, qui traduisaient bien le refus de la domination anglaise chez les Bretons.

Geofroi fut marié à Constance, fille de Conan IV, en 1181. A 23 ans, il devint Duc de Bretagne. Bien qu'il fut anglais et fils de tyran, Geofroi était bien plus supportable que son père. La famille royale était de toute façon désunie. Aliénor d'Aquitaine, maltraitée et emprisonnée par le Roi son mari, montait ses enfants contre leur père. Geofroi ne ressemblait pas à son géniteur, et son règne fut un répit de 5 ans pour la Bretagne.

Au cours de cette période, l'Assise au Comte Geofroi fut promulguée. Il s'agissait là d'une réforme administrative qui confirmait le droit d'aînesse et imposait l'indivisibilité des domaines féodaux.

Geofroi mourut en 1186 à Paris, au cours d'un tournoi.

Après sa mort, l'oppression anglaise s'étendit de nouveau sur la Bretagne. Mais Constance, la femme de Geofroi, résistait. A la mort d'Henri II (1189) et pendant toute la période où le fils de celui-ci, Richard, était à la croisade (1190-1194), elle gouverna le duché avec sagesse.

Dès que la nouvelle du retour de Richard Coeur-de-Lion fut connue, Constance s'empressa de faire reconnaître par une assemblée bretonne son fils Arthur, âgé de 7 ans, pour duc légitime de Bretagne.

Pour le protéger des Anglais, il fut caché au château de Brest. En 1196 et 1197, Richard Coeur-de-Lion lança des attaques contre la Bretagne. A chaque fois il fut battu. En 1197, moins entêté que son père, il accepta la paix avec les Bretons et reconnut à Constance le gouvernement de la Bretagne. Mais celle ci restait prudente. Pour garder Arthur en sécurité, elle l'envoya au Roi de France Philippe-Auguste, qui l'éleva avec son propre fils Louis.

Lorsque Richard mourut en 1199, Arthur, conseillé par Philippe-Auguste, réclama la couronne anglaise contre Jean Sans Terre, son oncle, frère de Richard.

Les droits d'Arthur n'étaient en fait qu'un prétexte pour déclarer la guerre. En 1200, le Roi de France reconnut Jean Sans Terre comme roi légitime d'Angleterre, en échange de terres anglaises qui venaient agrandir opportunément le domaine royal.

La guerre éclata de nouveau deux années plus tard. Cette fois Arthur fut fait prisonnier par trahison, et livré à Jean sans Terre. Le jeune Duc fut assassiné en avril 1203.

Après ce crime, les Bretons demandèrent justice et vengeance au Roi Philippe-Auguste, suzerain féodal de Jean sans Terre. Les troupes françaises envahirent et prirent possession de toutes les provinces anglaises du continent. Le Roi français avait bien exploité le petit Duc de Bretagne. La Bretagne pleurait son souverain, mais était enfin débarrassée de la domination anglaise.

Les ducs capétiens
(1203-1341)

A la mort d'Arthur de Bretagne, l'héritière de la couronne ducale était Alix, sa demi-sœur, née du mariage de Constance et Guy de Thouars. Philippe-Auguste gouverna la Bretagne durant les jeunes années de la princesse. En 1213, Alix fut mariée à un seigneur capétien, c'est-à-dire à un membre de la famille royale de France, Pierre de Dreux.

Pierre de Dreux s'était dans un premier temps destiné à une carrière ecclésiastique. Mais il était plus sensible aux plaisirs des batailles qu'à ceux du service divin, et voilà pourquoi on le nomma "Mauclerc" (mauvais clerc). Ce surnom se confirma plus tard par ses démêlés avec l'Église.

Pour régner en Bretagne, Mauclerc fut forcé d'accepter les conditions de Philippe-Auguste. Il dut en particulier jurer allégeance au Roi de France.

Dans un premier temps, le nouveau Duc s'efforça de consolider son pouvoir, à sa fougueuse manière. Il attaqua de front les plus puissants seigneurs féodaux, Alain de Penthièvre et Conan de Léon, et s'empara d'une bonne partie de leurs domaines. Il déclara ensuite la guerre à son voisin, Amauri de Craon, sénéchal d'Anjou, et l'écrasa à la bataille de Chateaubriand, en 1222.

Après cette bataille, le Duc Pierre fut comme intoxiqué par sa propre puissance. Il s'attaqua à tout ce qui pouvait le remettre en cause : les féodaux, l'Église, le pouvoir français.

En 1224, il attaqua et vainquit le seigneur de Chateauceaux, en Anjou, qui rançonnait tous les bateaux naviguant sur la Loire à Ancenis. Il obtint du Roi de France le fief de Chateauceaux, et apparut comme le défenseur de la loi et de la justice.

Mauclerc réduisit les impôts ecclésiastiques. Il supprima le "tierçage", qui accordait au prêtre de la paroisse un tiers des biens meubles d'une personne décédée. Il supprima en outre le "post nuptial", un impôt de 40 sols sur le mariage. Ces décisions furent ratifiées par les seigneurs bretons rassemblés à Redon en 1227.

La réaction du pape ne se fit pas attendre. Mauclerc fut excommunié. Le duché fut mis au ban de l'Église, et on y interdit les offices et les sacrements. Il ne fait aucun doute que de tels interdits constituaient pour le peuple breton une véritable calamité. Le Roi anglais Henri III négocia une réconciliation avec le pape. Les Bretons abandonnèrent les décisions prises à Redon, et le pape leva l'excommunication et le ban en 1230.

Pierre Mauclerc resta fidèle aux Rois de France, Philippe-Auguste et Louis VIII. Mais, pendant la régence de Blanche de Castille, mère du futur Saint Louis, il devint un opposant déclaré et se rapprocha du Roi anglais Henri III[8].

En janvier 1230, Mauclerc envoya à Louis IX (Saint Louis) une lettre, qui était un véritable défi : *"Je ne me considère pas comme un vassal du Roi de France, et je ne lui rends plus hommage (...)"*.

Louis IX n'hésita pas, et s'apprêta à envahir la Bretagne. Mais il fut arrêté par la forteresse de Saint Aubin du Cormier, nouvellement construite. Le Roi de France, que le Saint Siège pressait de faire la paix avec Henri III, conclut une trêve avec Mauclerc.

La guerre reprit trois ans plus tard. Trois armées furent lancées contre la Bretagne par le Roi de France. Les troupes bretonnes ne purent contenir l'assaut, et Mauclerc dut se soumettre en 1234. Il conserva

---

[8] Pour le remercier de son intervention auprès du pape en faveur de la Bretagne ? Peut-être. C'est dans l'adversité qu'on reconnaît ses amis...

néanmoins le droit de gouverner la Bretagne jusqu'à la majorité de son fils.

Les dernières années de son règne furent pacifiques. En 1236, son fils Jean, dit Jean le Roux, fut marié à Blanche de Champagne, fille du Roi de Navarre.

En 1237, Jean Ier le Roux, âgé de 21 ans, devint Duc de Bretagne. Pierre Mauclerc abandonna le trône.

L'ancien Duc vécut jusqu'en 1250. Il participa à deux croisades, et se lança même à ses moments perdus dans la piraterie contre les navires anglais. Le diable d'homme mourut pendant son retour d'Egypte, où il avait combattu énergiquement.

Jean le Roux était du même calibre que son père : il était ambitieux et autoritaire. Mais il n'avait pas le même caractère : il était calme, têtu, patient, et économe.

Durant son long règne, il n'y eut que très peu d'événements marquants. Les Bretons connurent une période de paix.

Les Croisades avaient forgé un profond sentiment anti-juif en Europe. Ils étaient blâmés pour la mort de Jésus. Mais il y avait des raisons plus triviales, et peut-être plus impérieuses. Les Juifs proposaient des prêts aux Croisés dans le besoin, à des taux parfois usuraires. Lorsque l'on est un homme de guerre, il est tentant de se débarrasser d'une dette en se débarrassant du prêteur. Sous la pression de la noblesse et du clergé, le Duc Jean fit expulser les Juifs de Bretagne en 1240.

Tout au long de son règne, Jean Ier entretint un conflit larvé avec l'Église. Sans s'opposer ouvertement au clergé, le Duc essaya sans cesse d'accroître le pouvoir civil au détriment des privilèges cléricaux.

Il traita les seigneurs féodaux de la même façon que l'Église. Il savait éviter le conflit ouvert, mais maintenait la pression par l'utilisation d'une nouvelle arme : l'argent. Ce duc avait des conceptions très modernes de la politique. Il prêtait généreusement, et recevait en échange les domaines de ceux qui ne pouvaient pas rembourser. Il appauvrissait les rebelles par des procès et des amendes.

Son fils Jean II (1286-1305) devint Duc de Bretagne à 47 ans. Il poursuivit la politique économe de son père, et tenta de maintenir la paix à l'intérieur du duché.

En 1294, la guerre éclata de nouveau entre la France et l'Angleterre. Jean II avait prévenu le Roi français, dès 1289, que *"il n'était pas son homme, et qu'il ne le considérait pas comme son seigneur"*. Il rejoignit le camp anglais. Mais les pillages des soudards anglais et gallois qui débarquèrent à l'Ouest de la péninsule lui firent changer de camp. En 1297, afin de remercier le Breton pour son ralliement, le Roi de France Philippe le Bel reconnut la Bretagne comme Duché-pairie. Cet honneur fut accepté poliment, mais n'avait en réalité aucune importance. Le Duc de Bretagne continua à gouverner son pays comme un État indépendant.

Avec le clergé, Jean II maintint la position de son père et de son grand-père. Finalement, en 1300 et 1301, le pape Boniface XIII accepta de négocier sur le tierçage et le post nuptial. Les rapports entre la Bretagne et la papauté restèrent toutefois distants. Le Duc se méfiait de l'influence française sur la hiérarchie cléricale, depuis que le Saint Siège avait été transféré de Rome en Avignon.

Jean II mourut en 1305, laissant le souvenir d'un souverain bon et généreux.

Arthur II, fils de Jean, régna de 1305 à 1312. Le problème du tierçage et du post nuptial furent concrètement résolus. Le tierçage fut rabaissé au neuvième des biens meubles du défunt, et même supprimé s'il n'atteignait pas 40 sols. Quant au post nuptial, il fut supprimé pour les pauvres et réduit pour les riches.

Jean III (1312-1341), l'aîné des fils d'Arthur II, succéda à son père. Il n'y eut aucun événement notable durant son règne. La paix et la prospérité ne laissent pas de cicatrice.

Jean III, dit le Bon, maintint l'équilibre entre la France et l'Angleterre. Il hérita du comté de Richemont, en Angleterre. Ce comté fournissait de confortables revenus, mais le Duc devenait aussi, du même coup, vassal du Roi d'Angleterre. Néanmoins, il aida militairement le Roi français, à la condition que celui-ci reconnut officiellement que l'aide bretonne était purement volontaire, et n'était la conséquence ni de la coutume, ni de la contrainte.

La guerre de Succession
(1341-1364)

Jean III n'avait pas d'héritier direct. Son frère, Guy, était marié à l'héritière des seigneurs de Penthièvre ; de cette union était née une fille, Jeanne de Penthièvre, surnommée Jeanne la Boiteuse. Le Duc avait également un demi-frère, Jean de Montfort, fils du Duc Arthur II et de sa seconde femme, Yolande de Dreux.

En 1334, Jean III voulut faire du Roi de France son héritier au trône ducal. Le Parlement s'opposa unanimement à un tel projet. Les administrateurs avaient semble-t-il une vision plus nette que leur chef de l'inté-

rêt national, et une autorité sur lui. Cette situation est
assez originale au Moyen-Âge.

A la mort de Jean III en 1341, la couronne ducale
revenait de droit à son frère Guy ; mais celui-ci
était déjà mort, dix ans plus tôt. Le duché devait-il
donc revenir à Jeanne de Penthièvre ou à Jean de
Montfort ? Jean III ne répondit jamais clairement à
cette question.

Charles de Blois, mari de Jeanne de Penthièvre,
s'appuyait sur la Coutume de Bretagne, qui stipulait que
le fils ou la fille d'un héritier légitime devenait l'héritier
suivant. Il était soutenu en ce sens par le Roi de France
qui, ironie, devait son trône à la loi salique, qui écartait
les femmes de la succession. Jean de Montfort s'appuyait
sur la loi féodale française selon laquelle l'héritage revenait au parent mâle le plus proche. Il était soutenu par le
Roi d'Angleterre qui, seconde ironie, n'avait pas accepté
que cette loi s'appliquât à son propre cas.

Jean de Montfort savait que la cour de France soutenait Jeanne de Penthièvre. Il lui fallait aller vite. Il
prit immédiatement le titre de Duc de Bretagne après
la mort de Jean III. Il parcourut le pays pour se faire
reconnaître des seigneurs et du peuple. Parmi les
grands vassaux, les deux-tiers des seigneurs de l'Est,
proches de la France, et un tiers des seigneurs de
l'Ouest soutenaient Jeanne de Penthièvre. La partie
était donc indécise.

Entre 1341 et 1343, la situation fut favorable à
Charles de Blois et Jeanne de Penthièvre. Jean de
Montfort avait été arrêté et emprisonné par le Roi de
France. Charles s'installa à Nantes, et pressa les villes
du parti des Montfort de faire reddition. Jeanne de
Flandre, femme de Jean de Montfort, rassembla alors

ses partisans à Vannes et leur présenta son fils, Jean, âgé de deux ans. Impressionnés par l'énergie de la jeune femme, toutes les places fortes qui soutenaient les Montfort leur restèrent fidèles.

Charles de Blois assiégea et enleva la ville de Rennes. Puis il assiégea Hennebont où Jeanne de Montfort avait trouvé refuge. Galvanisée par le courage et la détermination de la princesse, la ville résista aux assauts de l'armée franco-bretonne, jusqu'à l'arrivée d'une flotte anglaise qui força les assiégeants à fuir. La femme de Jean de Montfort reçut le surnom de Jeanne la Flamme.

Malgré sa défaite devant Hennebont, Charles de Blois enleva les villes d'Auray, Vannes, Guérande, et Le Croisic.

En septembre 1342, l'aide anglaise au parti des Montfort augmenta. Plusieurs villes furent reprises. La Bretagne représentait un enjeu stratégique pour ses deux voisins, la France et l'Angleterre. Edouard III, Roi d'Angleterre, et Philippe VI, Roi de France, arrivèrent en Bretagne à la tête de leurs armées. Une immense bataille aurait alors pu ensanglanter le pays, mais le pape ordonna aux deux partis de conclure une paix. La Trêve de Malestroit, signée le 19 janvier 1343, établissait un arrêt des combats jusqu'à la Saint-Michel de la même année, et permettait à Jean de Montfort de recouvrer la liberté.

Le Roi de France ne voulait pas la paix ; il brisa la trêve dans l'horreur. Olivier de Clisson et quinze chevaliers bretons, invités à Paris pour un tournoi, furent arrêtés et mis à mort. Charles de Blois, à la tête d'une armée franco-bretonne, prit la ville de Quimper, la mit à sac, et massacra les habitants.

Jean de Montfort s'enfuit en Angleterre. Il en revint avec une armée commandée par l'Anglais Dagworth. L'armée de Charles de Blois fut mise en déroute près de Josselin, mais Jean mourut quelques semaines plus tard, en 1345.

En 1346, Dagworth défit une nouvelle fois l'armée franco-bretonne à la bataille de La Roche-Derrien. Charles de Blois fut fait prisonnier, et envoyé en Angleterre. Ainsi, en 1347, l'un des prétendants au duché était mort, et l'autre était emprisonné au loin. Les armées continuèrent néanmoins le combat pour leur propre compte, pillant, rançonnant et ruinant le pays. Pour comble de malheur, la peste se répandait à travers toute l'Europe, en Bretagne y compris.

En 1351 se déroula un combat qui s'est inscrit dans la légende. Beaumanoir, commandant de la place de Josselin au nom du parti des Penthièvre défia le capitaine anglais Bembro, commandant de la place de Ploërmel, à une bataille en champ clos. Le 26 mars, les deux adversaires, accompagnés chacun de 29 soldats, se retrouvèrent sur la lande de Mi-Voie, entre les deux villes. Le combat dura toute la journée. Bembro et dix de ses compagnons furent tués, et tous furent blessés. La bataille, que l'on appela le Combat des Trente, fut mémorable, mais n'eut aucune conséquence politique.

En 1352, Edouard III remporta la victoire de Mauron sur les armées franco-bretonnes. La guerre aurait pu se terminer là, mais le scénario ne convenait guère au Roi anglais. En effet Jean, fils de Jean de Montfort, serait monté sur le trône de Bretagne. Les troupes anglaises auraient été obligées d'évacuer le pays, et ainsi se seraient achevés de profitables pillages. De plus, les troupes françaises, dégagées du bourbier breton, se seraient redéployées en France, où Edouard III venait de lancer sa grande offensive dans le prolongement de sa victoire de Crécy (1346). Visiblement, la fin de la guerre en Bretagne n'était pas dans les intérêts du Roi d'Angleterre.

En position de force, Edouard III proposa en 1353 le mariage de Jean, fils de Charles de Blois, avec l'une de ses filles. La conséquence en aurait été un renversement d'alliances. Charles de Blois aurait été couronné Duc de Bretagne avec la bénédiction intéressée des Anglais. Mais Edouard comprit que l'allégeance de Charles de Blois n'était pas assurée, et que ses liens avec la France étaient indéfectibles. Le mariage fut annulé la veille du jour prévu.

Jusqu'en 1355, les trêves succédaient aux trêves, mais n'empêchaient guère les pillages par les troupes anglaises. Arnoul d'Autrehem, lieutenant du Roi de France, avait fort à faire à combattre ces bandes de vautours en Normandie. Près de lui, un guerrier breton faisait son apprentissage: Bertrand du Guesclin qui, quelques années plus tard, gagnera gloire et honneurs en Bretagne, au service du Roi de France.

En septembre 1355, le Duc de Lancastre, cousin du roi, prit le commandement des forces anglaises en Bretagne. Il y arrivait accompagné de Jean, le fils et héritier de Jean de Montfort, alors âgé de 16 ans. Il attaqua le domaine des Penthièvre, qui était le principal foyer de résistance.

Les armées d'Edouard III ravageaient alors le nord de la France, et celles du prince de Galles le sud. Afin de maintenir un état de guerre en Bretagne et d'y immobiliser des troupes françaises, et aussi par amour du gain, le Roi anglais libéra Charles de Blois en août 1356, en échange d'une énorme rançon. Le retour de leur chef galvanisa les partisans des Penthièvre.

Après la victoire du Prince de Galles à Poitiers, où le Roi de France Jean II le Bon fut fait prisonnier, Lancastre voulut lui aussi courir vers la gloire. Il décida d'assiéger la ville de Rennes.

Le siège dura 9 mois, sans qu'il n'y ait de bataille véritable. L'histoire n'en retient que quelques incidents, et plusieurs anecdotes amusantes. Du Guesclin vint à Rennes, et jouta victorieusement contre un chevalier anglais. Penhoët, commandant de la ville, déjoua plusieurs fois le blocus anglais. Rien de bien déterminant.

Une trêve fut signée entre la France et l'Angleterre, et le Duc de Lancastre leva le siège de Rennes, non sans avoir extorqué une forte rançon aux habitants.

En 1360, au Traité de Bréquigny, les rois de France et d'Angleterre entreprirent de trouver une solution à la guerre de succession de Bretagne. Mais rien ne changea.

En 1363, Jean, fils de Jean de Montfort, franchit à nouveau la Manche et se mit à la tête de son armée. La bataille décisive eut lieu le 29 septembre 1364, près d'Auray. L'armée franco-bretonne fut détruite, Charles de Blois fut tué, et du Guesclin capturé. Jeanne de Penthièvre renonça à continuer la lutte.

La paix fut signée à Guérande, le 12 avril 1365, entre le Roi de France Charles V et Jean IV de Montfort. Jean IV était reconnu duc légitime de Bretagne, sous une suzeraineté purement honorifique du Roi de France. Jeanne de Penthièvre conservait ses domaines en Bretagne.

La nation bretonne
durant la guerre de succession

Durant la guerre civile, dans l'ouest et le sud de la Bretagne, la noblesse et les villes sont du parti des Montfort. Dans l'est et le nord de la Bretagne, la tendance est inverse.

Les Haut-Bretons (de l'est), habitués depuis longtemps à la présence française, à la langue et au commerce avec la France, inclinaient naturellement vers le parti franco-breton. La population du nord de la Bretagne, sujets de Jeanne de Penthièvre, lui restaient fidèles.

Dans l'ouest et le sud, le commerce maritime avec l'Angleterre et avec Bordeaux (qui était alors possession anglaise), et aussi le fait que les Français ne venaient dans l'ouest que pour y faire la guerre, inclinaient les populations vers le parti anglo-breton des Montfort.

La nation bretonne était exsangue, et ruinée par les pillages durant 23 années de guerre. Jeanne de Penthièvre renonça à ses prétentions en 1365, non parce qu'elle ne pouvait continuer la guerre, mais parce que la Bretagne aurait pu en mourir d'épuisement. Quelques années plus tard, en 1379, elle démontra son patriotisme en accueillant Jean IV, son vieil ennemi mais Duc légitime, qui revenait d'Angleterre pour rétablir l'indépendance bretonne.

Il faut noter que les grandes décisions prises pendant la guerre ne le furent pas selon une logique féodale, mais selon une vision de l'indépendance nationale.

Les derniers ducs
(1365-1488)

1363-1405	*Tamerlan conquiert la Perse, l'Asie centrale, l'Iran, la Syrie, la Turquie et le nord de l'Inde.*
1425	*Les Turcs envahissent la Grèce.*
1453	*Prise de Constantinople par les Turcs. Fin de l'empire byzantin.*
1420	*Traité de Troyes. Le Roi d'Angleterre Henri V épouse la fille du Roi de France Charles VI et devient l'héritier de la couronne française. Les troupes anglaises entrent dans Paris.*
1431	*Jeanne d'Arc est brûlée par les Anglais à Rouen.*
1436	*Le Roi français Charles VII entre dans Paris.*
1455-1485	*La guerre des Deux Roses en Angleterre.*
1450	*Gutenberg invente l'imprimerie.*
	Pays celtiques
1400-1413	*Pays de Galles : Insurrection d'Owain Glyndwr.*
1485	*Le Gallois Henry Tudor devient Roi d'Angleterre (Henry VII).*

La bataille d'Auray avait été ressentie par les Bretons comme un jugement de Dieu. Le traité de Guérande était honorable pour les Penthièvre, et la nation bretonne était de nouveau unie.

Toutefois, Jean IV ne pouvait maintenir sa neutralité entre le Roi de France et celui d'Angleterre. Economiquement et politiquement, il ne pouvait se passer de l'appui anglais. Il recevait en effet les revenus du riche comté de Richemont, et les marchands bretons bénéficiaient du privilège de commercer avec Bordeaux, alors anglaise.

En 1369, la guerre se ralluma entre la France et l'Angleterre. Jean IV signa maladroitement un traité d'alliance avec les Anglais. Le Roi de France, Charles V, envoya contre la Bretagne une armée menée par du Guesclin. Le traité anglo-breton fut rendu public. Jean IV, abandonné de tous, s'enfuit outre-Manche.

Du Guesclin gouverna alors la Bretagne au nom du Roi de France.

En 1378, Charles V pensa que le temps de l'annexion définitive était venu, et décréta la confiscation du duché.

Ce fut une erreur majeure, et une très mauvaise évaluation du sentiment national breton. La population, qu'elle eut été du parti des Montfort ou des Penthièvre, se souleva contre la prétention française. Elle pressa Jean IV de revenir et, le 3 août 1379, le Duc débarqua à Dinard. Il fut accueilli par une foule enthousiaste, par Jeanne de Penthièvre, et par toute l'aristocratie bretonne. Avant que Jean IV n'ait pu en donner l'ordre, des bandes de Bretons attaquèrent les troupes françaises. Des milliers d'hommes se ruèrent, dans l'ardeur et le désordre le plus complet, à l'assaut de la Normandie et de l'Anjou.

Du Guesclin ne voulait pas se battre contre un peuple uni, dont il était issu. Il partit guerroyer dans le centre de la France, où il mourut un an plus tard.

Charles V mourut en 1380. Son successeur Charles VI signa le second Traité de Guérande avec Jean IV, en 1381.

Les Anglais, furieux de voir la paix s'installer entre la France et la Bretagne, confisquèrent le comté de Richemont.

Jean IV gouverna la Bretagne en accord avec les États, qui constituaient une assemblée nationale. Les États se réunirent dix fois entre 1379 et la mort du Duc, en 1399.

Sous Jean V le Sage (1399-1442), la Bretagne vécut presque continuellement en paix. Durant les premières années du nouveau règne, il faut signaler quelques attaques anglaises en Bretagne, et vice versa. Les Anglais dévastèrent la Pointe Saint Matthieu, Penmarc'h, et Guérande. Les Bretons ravagèrent Jersey, Guernesey, Plymouth, et Dartmouth. En 1405, une troupe de 2500 Bretons débarqua au Pays de Galles pour rejoindre Owain Glyndwr dans son combat pour l'indépendance galloise. Les Bretons participèrent au siège de Hereford, et contribuèrent à la prise des villes de Caermarthen et Cardigan.

En 1408, Isabeau, fille du Roi de France Charles VI, demanda à Jean V de l'aider à investir Paris, alors tenue par Jean Sans-Peur, Duc de Bourgogne. Le 26 août, les troupes bretonnes entraient triomphalement dans la cité. Ils quittèrent Paris le 3 novembre 1408, et s'en retournèrent en Bretagne.

En 1420, Jean V fut fait prisonnier par les seigneurs de Clisson, héritiers des domaines de Penthièvre, et également des prétentions de Charles de Blois sur le duché. Jeanne, la femme de Jean V, mobilisa les princes de Bretagne et attaqua Clisson avec une armée. Le

Duc fut libéré. En 1425, les domaines des seigneurs de Clisson furent confisqués. L'unanimité qui s'était immédiatement affirmée pour la cause du Duc montrait que sa légitimité était indiscutable.

Durant le règne pacifique de Jean V, la Bretagne fut prospère, tandis que la France était déchirée par la guerre. Pour assouvir leurs passions belliqueuses, les chevaliers bretons partaient combattre chez leurs voisins, aux côtés de Jeanne d'Arc : Ainsi Tanguy du Chatel, qui tua le Duc de Bourgogne ; Gilles de Retz, maréchal de France ; Prigent de Coëtivy ; Arthur de Richemont, frère de Jean V, qui devint connétable de France.

Le fils aîné de Jean V, François, devint Duc de Bretagne à la mort de son père en 1442. François Ier de Bretagne était alors âgé de 20 ans. Il fit la paix avec les héritiers de Penthièvre, qui renoncèrent à leurs droits sur la couronne ducale.

Le frère du nouveau duc, Gilles de Bretagne, fut nommé ambassadeur en Angleterre. Il se prit d'amitié pour le Roi Henry VI. Il devint alors très anglophile, et aussi très ambitieux. En 1446, Gilles se vanta qu'il forcerait le Duc à lui octroyer les terres qu'il réclamait. François Ier n'hésita pas, et envoya son frère en prison. En riposte à l'emprisonnement de Gilles, le Roi d'Angleterre envoya 7000 soldats en Bretagne, qui s'emparèrent de la ville de Fougères et la pillèrent.

En avril 1450, le connétable de Richemont, oncle du Duc, remporta la bataille de Formigny. Cette victoire mettait fin à la présence anglaise dans l'ouest de la France. La Bretagne ne craignait plus la menace anglaise. Huit jours après la bataille, Gilles de Bretagne était étranglé dans sa prison.

Le Duc mourut quelques semaines plus tard, le 18 juillet 1450.

Le règne de Pierre II, le troisième frère, dura sept ans. Il s'opposa fermement aux prétentions françaises, qui se présentaient désormais, non pas sous la forme d'une menace militaire, mais sous celle d'une argumentation juridique. Pierre II organisa une vaste enquête en Bretagne sur les droits du Roi de France, qui révéla clairement l'attachement des Bretons à leur souveraineté.

A la mort de Pierre II en 1457, son oncle Arthur de Bretagne, Comte de Richemont fut couronné Duc. Il avait servi le royaume de France durant de nombreuses années. Il avait réorganisé l'armée française, et remporté de célèbres batailles contre les Anglais : Patay, avec Jeanne d'Arc (1429), la prise de Paris (1436), Formigny (1450). Néanmoins, en tant que Duc de Bretagne, il refusa de faire allégeance au Roi de France. Arthur III mourut en 1458.

François II, cousin de François Ier et de Pierre II, monta sur le trône ducal à la mort de son oncle Arthur III. Il s'était marié en 1455 avec Marguerite de Bretagne, la fille de son cousin François Ier. Il refusa de faire allégeance au Roi de France Charles VII, mais accomplit seulement l'« hommage simple », ainsi que l'avait fait ses prédécesseurs.

En 1461, Louis XI accéda au trône de France. Celui qui sera surnommé "l'universelle araigne" commença à tisser sa toile, selon ses méthodes personnelles : corruption, fraude et mensonges.

Il attaqua d'abord l'indépendance bretonne en justice. Il défendit l'évêque de Nantes, exilé par François II pour avoir refusé de lui jurer allégeance. Il attaqua le Duc pour son refus d'appliquer les décisions du Parlement de

Paris ; pour l'acceptation de bulles papales particulières à la Bretagne ; pour l'usage du titre de souverain et de la formule "Duc par la volonté de Dieu" ; pour l'usage d'une couronne fermée, symbole de la souveraineté ; pour s'être adressé au roi debout, comme face à un égal ; pour émission d'une monnaie particulière.

François II était prêt à la guerre, soutenu par les États et par le Parlement breton. Le conflit entre la France et la Bretagne prit en fait une étrange tournure. En 1463, les seigneurs féodaux français s'étaient rebellés contre le roi. Ils étaient menés par Charles de Valois, frère du roi, et soutenus par les Ducs de Bourgogne, de Lorraine et de Bretagne. La coalition s'appelait la "Ligue du Bien Public". Après la bataille indécise de Montlhéry, près de Paris, où les Bretons étaient absents, Louis XI signa le traité de Conflans en 1465. Le Roi de France reconnaissait la suzeraineté du Duc de Bretagne sur les domaines ecclésiastiques. Le traité d'Ancenis entre la France et la Bretagne, signé en 1467, confirma le traité de Conflans.

Louis XI, comme à son habitude, viola les traités et la guerre recommença. Les Français prirent plusieurs villes bretonnes autour de Nantes, mais les rendirent lorsque le Duc de Bourgogne passa à l'attaque (traité de Senlis, 1475). En 1480, pour renforcer ses prétentions sur le duché de Bretagne, Louis XI acheta à Nicole de Brosse, héritière des Penthièvre, ses « droits » sur le trône ducal.

Pour contrebalancer la menace française, François II conclut une alliance avec l'Angleterre et l'Autriche.

Louis XI mourut en 1483. La régence revint à sa fille, Anne de Beaujeu, qui avait hérité de l'énergie et de l'esprit tordu de son père.

François II était alors confronté à un parti pro-français, soutenu par les promesses et les subsides qui venaient de Paris. Il n'y avait pas à proprement parler un parti organisé avec un programme clair, mais des insinuations, des manœuvres et des pots-de-vin, à la manière de Louis XI.

Pour mener sa politique d'indépendance, François II était soutenu par Pierre Landais, trésorier du duché, ainsi que par la bourgeoisie commerçante. Le haut clergé et les grands seigneurs étaient plus sensibles aux attraits de la France ; ils étaient aussi plus accessibles à la tentation, plus influençables, mais plus divisés.

Pendant 25 ans, Landais aida le Duc à surmonter ses hésitations et maintint une politique sans ambiguïté : la défense de l'indépendance et de l'honneur de la Bretagne.

Landais, par ses attitudes tranchées, irritait les grands seigneurs féodaux. Il méprisait les titres de noblesse et encourageait le commerce, l'agriculture, et l'industrie. Son unique objectif était l'accroissement du pouvoir ducal ; il y travaillait avec obstination et célérité. Il établit des alliances avec le Duc de Guyenne, avec la Bourgogne, le Danemark, la Savoie, l'Angleterre, et la Suisse.

Le parti français à la cour ducale était représenté par Guillaume Chauvin, chancelier de Bretagne et ambassadeur régulier à la cour de Louis XI.

Après des années de manœuvres entre les deux partis, Chauvin fut arrêté et emprisonné en 1481. Il mourut en prison en 1484.

Landais, toutefois, ne savoura pas longtemps son triomphe. En 1485, il fut arrêté par une conspiration de seigneurs féodaux. Il fut jugé, condamné à mort, et exécuté avant que François II ne prit conscience du drame.

En février 1486, François II rassembla les États de Bretagne et fit reconnaître ses deux filles, Anne et Isabeau, comme héritières du duché.

François II avait accueilli à sa cour les seigneurs français qui s'étaient rebellés contre l'autorité d'Anne de Beaujeu. En 1487, cette dernière décida d'intervenir en Bretagne, avec l'accord des grands féodaux bretons. Une armée française envahit le pays et prit les villes d'Ancenis, Chateaubriant, Redon, Ploërmel et Vannes. Nantes fut assiégée.

Le maréchal de Rieux, qui faisait partie des traîtres bretons, prit alors conscience que l'existence de la Bretagne était en jeu. Il effectua un revirement en faveur du Duc. Il réorganisa l'armée bretonne, et libéra les villes contrôlées par les Français. Dans le même temps, un soulèvement populaire embrasa la Bretagne. Entre 60 000 et 80 000 hommes de l'Ouest accoururent au secours des Nantais assiégés. Les marins de Guérande et de Quimper se joignirent à eux et, le 6 août 1487, les Français abandonnèrent le siège de la ville.

En 1488, l'armée française changea de tactique sous l'influence d'un général de valeur exceptionnelle, Louis de la Trémoille. Au lieu d'envahir la Bretagne, il prit d'assaut quelques villes près de la frontière, et attendit l'armée bretonne près de Fougères, à Saint Aubin du Cormier.

L'armée bretonne était hétéroclite, et peu disciplinée. Elle était constituée d'un agglomérat de 7000 Bretons, 300 Anglais, 800 Allemands, et 3500 Gascons, Navarrais, et Espagnols. Le haut commandement n'était pas unanime sur la stratégie à mettre en oeuvre. Rieux aurait préféré une guerre populaire d'embuscades, qui avait si bien réussi aux Bretons dans le passé. Les jeunes seigneurs et les rebelles français imposèrent une bataille rangée.

En face d'eux, l'armée française était plus nombreuse, et mieux armée. Elle disposait d'une excellente artillerie. Mais surtout elle était disciplinée et organisée sous un commandement unique.

La bataille se déroula le 24 juillet 1488, sur les landes de Saint-Aubin-du-Cormier. Les Bretons et leurs alliés furent vaincus. En ce triste jour, 6000 hommes donnèrent leur vie pour l'indépendance de la Bretagne.

La défaite aurait pu être de faible importance. La Trémoille et les troupes françaises restaient près de la frontière, ne voulant pas s'engager dans une aventure qui aurait pu leur être funeste. Ils prirent d'assaut Dinan et Saint-Malo, et assiégèrent Rennes, sans succès. Mais le faible Duc, influencé par son entourage, demanda la paix. Il accepta de faire allégeance. Il reconnut la supériorité de la Cour de justice de Paris. Il donna aux Français les places fortes dont ils avaient pris le contrôle. Il promit de ne pas marier ses filles sans l'accord du Roi de France (Traité du Verger, 10 août 1488).

François II mourut le 9 septembre de la même année. Il est le dernier Duc d'une Bretagne indépendante.

Le peuple de l'hermine

En 1381, Jean IV créa l'Ordre de chevalerie de l'Hermine. L'insigne en était un collier d'or et d'argent, portant en sautoir une hermine d'argent. Sur le collier était inscrit la devise "A Ma Vie". Les femmes pouvaient faire partie de l'Ordre de l'Hermine, qui honorait les défenseurs du duché et de la nation bretonne.

L'Hermine est un ancien symbole de la Bretagne. Selon la légende, Alain Barbe-Torte, alors qu'il combattait les Vikings, vit une hermine pourchassée par un renard. Plutôt que de traverser une mare boueuse, le petit animal fit volte face et attaqua l'agresseur. C'est de cette fière attitude que provient la devise des Bretons : "Plutôt la mort que la souillure".

Le symbole de l'hermine est présent partout en Bretagne, et tout d'abord sur le drapeau national.

En 1972, l'Ordre de l'Hermine a été recréé par l'Institut Culturel de Bretagne. Il honore ceux qui ont été, de façon indiscutable, les défenseurs ou les promoteurs de la nation bretonne.

La fin de l'État breton
(1488-1532)

Jusqu'à la défaite de Saint-Aubin-du-Cormier, il y avait seulement deux factions en Bretagne : le parti français, qui soutenait les ambitions françaises (sans forcément les connaître, d'ailleurs), et le parti breton, qui combattait pour l'indépendance.

Avec Anne de Bretagne, la fille de François II, un nouveau parti apparut, qui réclamait pour la Bretagne des droits, mais qui n'étaient pas des droits souverains. Pour la première fois, la liberté nationale pouvait être négociée ou troquée contre d'autres avantages.

Bien sûr, Anne avait des circonstances atténuantes. En 1489, elle était seulement âgée de 12 ans. Elle était entourée de conseillers français. Elle avait devant les yeux l'exemple des seigneurs féodaux qui, pour prix de leur ralliement à la France, avaient reçu argent et honneurs.

Toutefois, ces circonstances atténuantes ne peuvent éliminer ce qui fut une transgression des valeurs et un crime politique. Les faiblesses et les trahisons des seigneurs bretons ne récusaient pas la légitimité du combat national. Ce n'était là que des actes individuels. Anne au contraire parlait et agissait en tant qu'héritière légitime du trône ducal et de l'ensemble du pays. Sa soumission, malgré tous les avantages personnels qu'elle pouvait en tirer, représentait une chute, un déclin. C'est d'ailleurs ce qui advint.

Avant sa mort, le Duc François II avait nommé pour tuteur de sa fille le maréchal de Rieux. La première tâche de celui-ci fut de trouver un mari à l'héritière. Le premier des prétendants était Alain d'Albret, qui avait recruté 3500 Gascons, Navarrais et Espagnols et les avait menés à la bataille de Saint Aubin du côté breton. Il y avait le Vicomte de Rohan, qui avait dirigé le parti français en Bretagne. Il y avait aussi l'Archiduc Maximilien d'Autriche, qui vint en Bretagne en 1487 avec 1500 soldats flamands. Mais ceux-ci restèrent à Rennes pour festoyer tandis que Nantes était assiégée ; et ils rentrèrent chez eux.

Rieux choisit Alain d'Albret. C'était un choix politique assez astucieux. Alain était fils d'une bretonne, Catherine de Rohan. Par sa femme, Françoise de Bretagne, Alain avait rajouté à ses domaines gascons et à son comté de Dreux le comté de Penthièvre, le comté du Périgord, la vicomté de Limoges, la seigneurie d'Avesnes. Le duc François II l'avait déjà marié à Anne par « paroles de présent », c'est-à-dire avec le consentement et en présence de la fille. Le fait est attesté par le roi de France – et futur mari de Anne- par des lettres patentes qui sont toujours présentes dans les Archives des Pyrénées Atlantiques, à Pau[9]. Il existait aussi un traité secret par lequel le duc, ses oncles et ses cousins déclaraient que, s'ils venaient à décéder sans enfant mâle, le duché de Bretagne reviendrait aux héritiers ou héritières de Jean de Blois et des Penthièvre, au préjudice des filles de la maison de Montfort[10].

Alain d'Albret était de surcroît gouverneur de la Navarre, dont son fils était roi. Il avait été l'ami de Louis XI. Une telle union, souhaitée par les Anglais et les Espagnols, aurait complètement bouleversé la situation.

La jeune adolescente rejeta cette union politique, disant qu'elle ne voulait épouser qu'un roi ou un fils de roi. Elle fut couronnée Duchesse le 10 février 1489.

Le maréchal de Rieux et Alain d'Albret s'installèrent à Nantes, et la Duchesse se réfugia à Rennes. Mais le maréchal était confronté à des problèmes bien plus sérieux que les caprices de l'héritière. Une armée française envahissait la Bretagne. Guingamp fut pris d'assaut, et mis à sac par les troupes françaises dirigées par le Vicomte de Rohan. En un mois, les villes de Lannion, Morlaix, Brest, Carhaix, Concarneau et Vannes passaient sous autorité française.

[9] Archives des Pyrénées Atlantiques, Pau, pièce E87.
[10] Archives des Pyrénées Atlantiques, pièce E656.

Le 14 février, le roi anglais Henry VII et l'empereur germanique Maximilien signaient le Traité de Dordrecht. Ce traité scellait une alliance internationale pour la préservation de l'indépendance bretonne. Un soulèvement populaire, soutenu par un débarquement de 6000 soldats anglais près de Morlaix, éclata au mois de mars. La population de l'ouest de la péninsule se rebellait en masse. Les troupes françaises furent repoussées sur tous les fronts, et ne purent tenir que les villes de Concarneau et Brest. Pendant le mois de mai, 2000 soldats espagnols débarquèrent à leur tour pour soutenir la résistance bretonne. En juillet 1489, les Français ne conservaient plus en Bretagne que cinq places fortes : Fougères, Saint-Aubin-du-Cormier, Saint-Malo et Dinan, près de la frontière ; ainsi que la ville de Brest, assiégée par les troupes du maréchal.

Anne mit un terme à la cohésion nationale et à l'alliance internationale. Elle négocia avec le roi de France Charles VIII et promit d'expulser les troupes anglaises. Peu douée pour l'économie, elle gaspilla le trésor du duché et leva de nouveaux impôts. Elle recruta une armée pour combattre les troupes du maréchal et ses alliés, et nomma à sa tête un seigneur français, le prince d'Orange.

Tout cela sema la confusion la plus totale chez le maréchal de Rieux et tous ceux qui combattaient pour la légitimité bretonne. La motivation politique étant affaiblie, il restait à les faire basculer par une motivation financière. La Duchesse offrit une fortune au maréchal, afin qu'il abandonne la cause d'une indépendance sans héritier légitime. Il reçut la somme colossale de 100 000 couronnes d'or, et une pension annuelle de 12 000 livres. Le pacte eut lieu en août 1490.

A l'automne 1490, les troupes françaises recommencèrent à piller le pays. Dans le but d'impressionner le Roi de France, la jeune héritière épousa par procuration Maximilien d'Autriche. L'ambassadeur allemand plaça sa jambe nue dans le lit de la Duchesse. Cette étrange cérémonie fut l'objet de toutes les railleries, en France en particulier.

Trois mois plus tard, les troupes françaises entraient dans Nantes, et attaquaient l'ouest de la Bretagne. Guingamp fut de nouveau pillée. Rennes fut assiégée.

Anne dirigea la résistance, non pas comme la souveraine qu'elle voulait être, mais comme l'adolescente qu'elle était en réalité. Pendant le siège, elle organisa des tournois entre chevaliers bretons et chevaliers français. Elle offrait des présents aux princes, mais ne payait pas ses propres soldats. Il y eut bien sûr des mutineries, et la situation des assiégés devint désespérée.

Le Roi de France (pourtant déjà marié à la fille de Maximilien) offrit le mariage à Anne (qui était donc sa belle-mère). Les négociations avancèrent rapidement, et le sacrement fut célébré le 6 décembre 1491 au château de Langeais, non loin de Saumur, hors de Bretagne.

Il existait toujours un parti de l'indépendance. Des milliers de Bretons s'étaient battus contre les troupes françaises au cours des récentes années et beaucoup d'entre eux ne comprenaient pas ou n'admettaient pas la nouvelle situation. En 1491, Pierre Le Pennec, qui avait été conseiller du Duc François II, demanda de l'aide au Roi d'Angleterre Henry VII. Les capitaines des ports de Brest et de Morlaix étaient du complot, prêts à ouvrir les côtes aux armées d'outre-Manche.

Le projet d'un soulèvement populaire, soutenus par les Anglais, comme ce fut le cas trois ans plus tôt, n'était pas utopique. Les seigneurs féodaux qui avaient trahi le dernier duc étaient devenus des importuns, et n'avaient plus les faveurs de la cour française. L'entourage d'Anne était peu fourni, et jouissait de sa nouvelle position de force sans se soucier de ce qui se passait en Bretagne.

Henry VII hésita toutefois à se lancer dans l'aventure, et quelques conspirateurs prirent peur. En 1492, le complot fut découvert. Le Pennec disparut et les autres chefs, Coetanlem et Coetcongar, furent arrêtés.

Les Français se rendirent immédiatement compte que la répression, si elle était trop brutale, pouvait entraîner une réaction massive, à la fois des Bretons et des voisins européens. Charles VIII libéra Coëtcongar et accorda son pardon à Coëtanlem, qui entre-temps s'était évadé. En juillet 1492, le Roi de France fit une déclaration solennelle garantissant les "privilèges de Bretagne". En novembre 1492, Charles VIII signait avec Henry VII le traité de paix d'Etaples.

Malgré les déclarations modérées de Charles VIII, la francisation ne se fit pas attendre. Le pays fut divisé administrativement, avec une juridiction à Nantes et une autre à Rennes. La chancellerie bretonne fut supprimée. Le Roi de France nomma 18 conseillers et 2 présidents au Parlement breton.

L'Union entre Anne et Charles ne fut pas heureuse. Aucun de leurs trois enfants ne survécut. Charles VIII mourut le 8 avril 1498. Il était âgé de 28 ans.

Le nouveau Roi de France était le Duc d'Orléans, cousin de Charles VIII. Avec l'intégration de la Bretagne à la France, Anne perdait tout son pouvoir.

Aussi, sa réaction immédiate fut-elle de restaurer la chancellerie bretonne, de frapper une monnaie ducale, et d'exhiber toutes les marques de la souveraineté. Le 15 mai, elle négociait avec le nouveau roi. Trois mois plus tard, un accord était conclu. Louis XII répudiait sa femme, Jeanne de France, fille de Louis XI, et acceptait d'épouser Anne. César Borgia, le plénipotentiaire et fils naturel du pape Alexandre VI, apporta l'accord papal nécessaire. Il reçut en échange le duché de Valence, 20 000 livres de pension, des péages sur le Rhône, et la main de Charlotte d'Albret. L'union fut célébrée le 8 janvier 1499.

Anne de Bretagne mourut le 9 janvier 1514.

Le lien entre la Bretagne et la France avait été scellé par les contrats de mariage d'Anne. Ces contrats stipulaient que la possession de la Bretagne reviendrait au second fils du couple royal ou à défaut aux héritiers naturels d'Anne.

François d'Angoulême avait épousé Claude, fille de Louis XII et d'Anne. Quand il devint Roi de France sous le nom de François Ier, il demanda à sa femme une donation définitive du duché à la couronne de France. Celle-ci obtempéra, sans être l'héritière légitime.

En 1515, François Ier nomma Antoine du Prat chancelier de Bretagne. Celui-ci avait été président du Parlement de Paris, et était un théoricien de la centralisation.

Claude mourut en 1524. Dans ses dernières volontés, elle donnait la Bretagne à son fils aîné, François. En tant que régent, le Roi de France demanda la soumission aux États de Bretagne.

En 1528, quand Renée, seconde fille d'Anne, épousa le Duc de Ferrare, François Ier lui racheta les droits qu'elle avait sur le royaume de France et sur le duché de Bretagne pour 250 000 couronnes.

L'union entre la France et la Bretagne existait politiquement. Il restait à la faire exister juridiquement. Le moyen le plus subtil était que les Bretons la réclamassent eux-mêmes. Le Roi de France n'épargna ni sa peine ni son argent pour convaincre les membres des États.

Quand l'assemblée bretonne se rassembla, en août 1532, l'atmosphère était électrique. Les éléments pro-français, principalement convaincus par les pots-de-vin, n'osaient pas exprimer clairement leur position. En face, les tenants de l'indépendance menés par le Nantais Julien Bozech, et que l'on appelait les « opiniâtres », se démenaient. Entre les deux se tenaient les députés qui ne souhaitaient en aucun cas le conflit avec le royaume français. A cette époque, le commerce breton était extrêmement prospère, mais la puissance militaire inconsistante. Les discussions furent houleuses et, si aucune décision n'était prise, la mobilisation du parti français aurait été un grave échec.

La tension montait. Alors, les députés modérés proposèrent de demander l'union, mais avec des conditions avantageuses pour la Bretagne. Ils furent assez convaincants pour obtenir la majorité.

Le Roi de France accepta évidemment de négocier sur cette base. Il garantit les *"privilèges, droits et exemptions concédés par les Ducs de Bretagne"*. L'édit du Plessis-Macé, signé le 18 septembre 1532, proclamait *"l'union perpétuelle entre la France et la Bretagne"* et confirmait les garanties données par François Ier aux Bretons.

Selon l'édit, la Bretagne conservait ses États, son Parlement, et sa propre administration. Aucune taxe ne pourrait être établie sans l'accord des États de Bretagne. Aucune conscription en dehors de la Bretagne ne pourrait être exigée des Bretons. La justice pourrait être administrée sous sa forme traditionnelle. Les charges ecclésiastiques seraient attribuées uniquement à des clercs bretons.

Pour parvenir à un accord avantageux avec les loups, les moutons avaient renié leurs chiens.

La renaissance en Bretagne
Les guerres de la Ligue
(1532-1626)

En 1532, la Bretagne était riche, grâce essentiellement à son commerce maritime international. Un auteur français de cette époque a pu dire de la Bretagne qu'elle était *"Pérou pour la France"*.

Les marchands bretons commerçaient avec l'Angleterre, l'Espagne et la Flandre. Ils vendaient les produits de l'industrie bretonne, le lin et le sel, mais aussi le charbon anglais et les vins bordelais.

Le style Renaissance, venant d'Italie et de France, gagna bientôt la Bretagne. Les châteaux et les églises, principalement dans le nord-ouest du pays, furent construits selon le nouveau style. Les grands calvaires de Bretagne, illustrant dans leurs sculptures de granit des scènes bibliques, furent érigés au cours du XVIe siècle et au début du XVIIe siècle.

La littérature en langue bretonne est surtout représentée par le théâtre religieux, les "mistères". La poésie de l'époque conservait les anciennes règles celtiques, très complexes, faites d'une métrique particulière, de rimes internes, et de riches assonances.

Le Traité de 1532 garantissait l'autonomie bretonne. Mais les premiers coups de canif ne se firent pas attendre. En 1553, le pape Jules III accordait au Roi de France Henri II une autorité sur le clergé breton. Dès lors, des évêques français furent nommés en Bretagne.

Les questions religieuses secouaient l'Europe de l'époque. En 1534, le Roi d'Angleterre Henri VIII rompait tout lien avec Rome, et instituait l'anglicanisme. En Allemagne, Luther (1483-1546) organisait l'Église Réformée et, en 1555, les deux tiers de l'empire allemand étaient devenus protestants. En 1541, Calvin établissait un gouvernement théocratique dans la ville de Genève. La ville devint rapidement un centre d'études et de diffusion de la réforme protestante. En Ecosse, John Knox créait le presbytérianisme en 1559.

La réaction catholique contre la réforme fut en France d'une incroyable violence. Il y eut les massacres de Wassy (1562) et de la Saint Barthélémy (1572). En 1576, le Duc de Guise Henri de Lorraine créa la Sainte Ligue, rassemblant catholiques fanatiques, politiciens ambitieux et aventuriers. Soutenue par le Roi d'Espagne Philippe II, la Ligue devint si puissante – et Henri de Guise si ambitieux – que le Roi de France Henri III prit peur. Il fit assassiner son rival en 1588, mais tomba un an plus tard sous les coups de poignard d'un ligueur fanatique.

L'héritier de la couronne de France était un protestant, Henri de Navarre, qui se fit aussitôt appeler Henri IV (il était en réalité à la fois Henri II de Béarn, Henri III de Navarre, et Henri IV de France). Mais les choses n'étaient pas si simples. La guerre civile faisait rage partout. Paris était sous le contrôle de la Ligue. Henri IV n'était roi que pour ses partisans.

En Bretagne, la nouvelle religion avait peu d'adeptes. Le gouverneur, le Duc de Mercoeur, était un cousin éloigné d'Henri de Guise, et il était aussi le beau-frère de Henri III. Il était de plus le chef de la Sainte Ligue en Bretagne. Pour couronner le tout, il avait pour femme Marie de Luxembourg, Duchesse de Penthièvre ; celle-ci était l'héritière des comtes de Penthièvre, éternels prétendants à la couronne ducale durant le XIVe et le XVe siècles. L'homme avait, pourrait-on dire, plusieurs atouts dans son jeu, et non des moindres.

En 1589, le Duc de Mercoeur joua résolument la carte de la Ligue, et se jeta dans la mêlée. En 1590, il soumit toute la Bretagne, à l'exception de Rennes et de quelques villes de moindre importance. Il prit des décisions souveraines, telles que celle de négocier directement avec l'Espagne. Il est possible qu'à cette époque il ait pensé rétablir l'indépendance bretonne et se faire duc au nom des droits de sa femme.

Mais qui dit guerre de religion dit chefs religieux. Mercoeur était un laïc français, et ceux qui l'entouraient aussi. Pour le clergé breton, consterné par la nomination d'évêques français et l'intrusion d'une hiérarchie étrangère dans leurs affaires, le Traité de 1532 était une duperie. Dans l'ombre de Mercoeur, l'opposition bretonne se rassemblait autour de l'évêque de Vannes, Georges d'Aradon.

L'objectif de Georges d'Aradon et de ses amis était relativement clair : restaurer le duché de Bretagne et l'offrir à Isabelle, fille du Roi d'Espagne Philippe II. Dès 1589, il écrivit à l'Espagnol une lettre sans ambiguïté :

" *De nombreuses choses s'opposent à l'union du Duché* (avec la France). *D'abord il y a deux contrats de mariage, d'abord celui de la Duchesse Anne, puis celui de Claude. Il est clairement mentionné dans ces contrats que le fils aîné détiendrait et posséderait le Duché de Bretagne. Ainsi, les États et Assemblée de Bretagne n'étaient pas en droit de reconnaître l'Union. La succession au trône dépend en effet du droit des gens, et ne peut donc être supprimée ou modifiée, si ce n'est par le consentement de ceux qui y sont intéressés (...).*

Et, s'il y a un vice dans la forme, il en existe un autre plus grand dans le fond, car nulle cause ne rendait nécessaire ni utile au duché de Bretagne son union avec le royaume de France (...)"[11].

---

[11] Autographe K1575 des Archives de Simancas.

Georges d'Aradon offrait la couronne ducale à l'infante espagnole. Philippe II vit immédiatement l'occasion qui se présentait à lui, mais voulut d'abord obtenir l'appui de Mercoeur. Celui ci, surpris par la nouvelle tournure des événements, essaya de faire traîner les choses et de les compliquer. Il écrivit au Roi d'Espagne, lui disant qu'il ne devrait pas faire cas des *"pratiques secrètes de certains ministres bretons"*. Il s'acharna à calomnier les partisans de l'infante[12].

Pendant toute la durée de la guerre, de 1589 à 1598, Mercoeur apparaît comme un homme indécis. En fait, il n'avait rien à gagner du côté du Roi de France Henri IV. D'autre part, il n'était pas l'allié, mais l'otage des Espagnols. Les principaux ligueurs bretons embrassaient la cause de l'infante. Son seul avantage était d'être riche, et d'être présent sur le terrain. La seule façon pour lui de conserver le pouvoir était donc de faire durer la guerre, et de la compliquer pour pousser ses adversaires à l'erreur.

En 1592, Les troupes de Mercoeur et les troupes espagnoles écrasent les partisans d'Henri IV à la bataille de Craon. La Sainte Ligue est à son apogée. Elle contrôle toute la Bretagne. Mercoeur, redoutant les ambitions des Bretons et des Espagnols, évitera tout acte décisif pour l'avenir de la Bretagne. En 1593, le Roi d'Espagne envoie une force d'appoint de 2000 soldats ; Mercoeur réplique qu'il n'en voulait pas.

---

[12] L'un des plus vigoureux de ces partisans est Guy Eder, Seigneur de la Fontenelle. Il opérait conjointement avec les troupes espagnoles de Juan del Aguila qui en fait des descriptions flatteuses. La Fontenelle a conservé jusqu'à aujourd'hui une réputation -plus ou moins méritée, il est vrai- de véritable croquemitaine. Derrière la condamnation morale se cache, peu glorieusement, la condamnation politique.

La ville de Brest tombe aux mains des royalistes ;
Mercoeur dissuade les Espagnols d'attaquer la ville
aussitôt.

La politique sinueuse de Mercoeur lui fit perdre progressivement le soutien des ligueurs. La ville de Saint
Malo déléguait ses propres ambassadeurs en Espagne.
A Quimper, Mercoeur nomma un gouverneur ; les habitants le rejetèrent pour garder Jean du Quelennec, "*un
capitaine de leur rang et de leur langue*". A Nantes,
le président du Parlement transmettait les secrets du
duc aux Espagnols, et les conseillers proclamaient
ouvertement leur soutien à la cause de l'infante.

Le combat pour l'indépendance aurait-il pu alors
être lancé ? Il n'y avait aucun chef d'une envergure
suffisante, et d'une vision assez puissante. De toute
façon, il était déjà trop tard. Henri IV venait de se
convertir au catholicisme et d'entrer dans Paris ("*Paris
vaut bien une messe!*"). Le Roi de France était à la
fois catholique et puissant ; la Ligue perdait toute
légitimité.

En 1594, Henri IV envoya des troupes en Bretagne,
commandées par le fougueux maréchal d'Aumont. Les
Français prirent Morlaix, Quimper, et le fort espagnol
de Roscanvel, en face du port de Brest. Mercoeur était
perdu. Il reconnut les droits de l'infante sur le duché.
Mais il n'avait plus aucune crédibilité, et ce ralliement
n'était d'aucun secours pour la cause bretonne. Il la
pénalisait plutôt. En 1597, un complot ourdi par un
frère de Georges d'Aradon s'organisa dans le but de
tuer Mercoeur, mais sans succès.

En décembre 1597, les États de Bretagne se sou-
mettaient à l'autorité du Roi de France. En février
1598, la dernière ville aux mains de la Ligue, Dinan,

était prise par les royalistes. En mars, Mercoeur faisait sa soumission. Le 13 avril 1598, le Roi Henri IV signait le célèbre Edit de Nantes, dans la capitale des ligueurs. L'édit accordait la tolérance aux protestants.

Le 14 mai 1598, Henri IV garantit devant les États de Bretagne le maintien du Traité de 1532. Mais le peuple breton était ailleurs. Il pansait ses blessures et enterrait ses morts. Après la tourmente qui avait ruiné le pays, il n'aspirait qu'à la paix.

Les Bretons avaient soutenu avec enthousiasme la cause de la Ligue, sur la base d'un malentendu. Surtout à l'Ouest, les paysans avaient mélangé la cause d'un roi hérétique avec celle d'une noblesse sans foi ni loi. Ils avaient soutenu la Ligue dans un combat contre la hiérarchie sociale et les privilèges. La ville de Carhaix avait été prise par les paysans en 1590, aux cris de *"Ar Vretoned holl tudjentil !"*,*"Les Bretons tous nobles !"*. Le peuple avait brûlé des châteaux, sans se soucier des positions politiques de son propriétaire. En 1592, la population rurale des alentours de Brest avait attaqué la ville, alors aux mains des royalistes ; mais l'arrogance des chefs de la Ligue les exaspéra, et ils s'en retournèrent chez eux.

La Sainte Ligue disposait au départ d'un immense capital de sympathie, car elle était perçue comme une fronde contre un ordre social trop pesant. Mais les ligueurs préférèrent céder aux faveurs de la noblesse, et soutenir de riches aventuriers comme Mercoeur. Le peuple breton se sentit trompé, et abandonna leur cause. Les privilégiés se soumirent à l'autorité royale afin de conserver leurs privilèges ; triste fin.

Georges d'Aradon était mort prématurément en 1595. Ses frères firent preuve d'une remarquable mais inutile suite dans les idées. En 1614, le Duc de Vendôme, gouverneur de Bretagne (et gendre du Duc de Mercoeur), se rebella contre l'autorité royale. René d'Aradon, gouverneur de Vannes, et Christophe d'Aradon, gouverneur d'Hennebont, engagèrent leurs villes dans le soulèvement. Mais celui ci était sans espoir. Le Duc de Vendôme se soumit aussi vite qu'il s'était révolté, et les derniers frères d'Aradon se retirèrent des affaires publiques.

Face à l'absolutisme royal
(1626-1720)

XVIIe siècle	*Apogée de l'empire Mogol en Inde. Construction du Tadj Mahall (1631-1641)*
1640	*Indépendance du Portugal*
1659	*Traité des Pyrénées entre la France et l'Espagne. La France annexe l'Artois et le Roussillon*
1678	*La France conquiert la Franche-Comté*
1698	*Défaite des Turcs devant Vienne (Autriche)*
	Pays celtiques
1648-1649	*Cromwell étend sa domination sur les Pays de Galles, l'Irlande et l'Ecosse ; massacres et dévastations*
1690	*Irlande : Bataille de la Boyne entre les partisans catholiques des Stuarts et les troupes protestantes du prince d'Orange*
1707	*Acte d'Union entre l'Ecosse et l'Angleterre*

Jusqu'au XVIIe siècle, la marine bretonne avait sa propre organisation. La flotte commerciale, les navires de guerre pour la protection des côtes et des convois maritimes, l'activité portuaire étaient organisés par les Bretons eux-mêmes.

En 1626, le cardinal de Richelieu, l'influent ministre du Roi de France Louis XIII, devint amiral de

France. Afin de se faire obéir de la marine bretonne, il fut nommé par surcroît gouverneur de la Bretagne. Sous son autorité, Brest devint un important port militaire français, et l'organisation maritime française supplanta et engloba l'organisation bretonne.

La Bretagne ne réagit pas. Les États restaient sur une position défensive, préoccupés avant toute chose d'éviter de nouveaux impôts.

Le règne du grand Roi Louis XIV (1643-1715) fut pour la Bretagne une calamité. Pour financer ses guerres continuelles et son goût pour le faste, les impôts devinrent de plus en plus lourds. Face à l'hostilité – ou à l'insolvabilité – du contribuable, l'administration française se fit de plus en plus oppressive.

La richesse de la Bretagne reposait essentiellement sur l'exploitation de sa situation géographique de carrefour maritime. La liquidation de la marine bretonne indépendante ruina complètement le pays, et brisa la tradition sur laquelle s'était construite sa prospérité au cours des siècles : le commerce maritime international.

Les principales industries bretonnes, le tissage par exemple, reposaient sur l'exportation. Ces industries furent formidablement réduites par les décrets supprimant la liberté des corporations et la liberté du commerce.

Afin de sauvegarder les privilèges commerciaux bretons, qui étaient considérés comme des droits nationaux, les États proposèrent de racheter le décret, c'est-à-dire d'empêcher son application à la Bretagne contre paiement d'une rançon. Colbert, ministre de Louis XIV, accepta la proposition bretonne pour un montant de 2 millions de livres, et l'affaire fut conclue le 27 décembre 1673.

Où les députés bretons espéraient-ils trouver une telle somme ? Chez les plus nombreux, c'est-à-dire les classes les plus pauvres de la société. Les privilégiés de la province votèrent donc des impôts qui ne les concernaient pas. Pour le peuple, le poids de l'imposition doubla d'un seul coup.

La moindre étincelle pouvait allumer l'incendie. Ce fut Colbert lui-même qui mit le feu aux poudres. Il institua de nouveaux impôts sur le papier timbré, le tabac, et la vaisselle. Immédiatement, le 18 avril 1675, les Rennais dévastèrent le Bureau du Tabac, puis celui du Contrôle et celui du Papier Timbré. Il y eut des combats de rue entre les émeutiers et les troupes de gentilshommes. A la fin de la journée, on dénombrait une trentaine de morts et blessés graves.

Le 23 avril, des émeutes éclatèrent à Nantes, où le Bureau du Tabac et le Bureau de l'Etain furent saccagés. Le soulèvement populaire embrasa la ville entière. Les troupes royales rétablirent l'ordre par la terreur. Un bataillon de 600 cavaliers fut installé dans la ville, aux frais de l'habitant.

En juin et juillet 1675, la rébellion s'étendit à toutes les villes de l'Est de la Bretagne. A l'Ouest aussi, la révolte grondait, mais elle était d'une autre nature. Elle ne remettait pas seulement en cause les taxes, mais aussi l'ordre social.

En mai et juin 1675, des bandes de rebelles apparurent à Guingamp, Chateaulin et Briec. Ils brûlèrent les châteaux et massacrèrent les nobles. En juillet, 18 000 à 20 000 rebelles contrôlaient le sud-ouest de la Bretagne. Ils rédigèrent des codes, qui étaient de véritables programmes sociaux, légitimés par ce qu'ils appelèrent *"la liberté Armorique"*. L'abolition de la noblesse et le contrôle du clergé par le peuple étaient les réformes à l'ordre du jour.

Les rebelles attaquèrent les villes de Daoulas, Landerneau, Carhaix, Pontivy. Concarneau fut assiégé par 4 000 paysans. En quelques semaines, 200 "maisons nobles" furent mises à sac et détruites par ceux que l'on appelait, dans la région de Pont l'Abbé, les Bonnets Rouges.

Dans la région de Carhaix, au centre Bretagne, les troupes révoltées menées par Sebastian Ar Balp projetèrent de prendre le port de Morlaix. Cet objectif coïncidait étrangement (ce qui laisse soupçonner que le mouvement n'était peut-être pas si spontané...) avec les mouvements de la flotte hollandaise de l'amiral Ruyter, qui croisait alors en Manche.

En septembre 1675, Ar Balp rassembla une troupe de 30 000 paysans près de Carhaix. Il essaya de convaincre son prisonnier, le Marquis de Tymeur, de diriger les opérations militaires. Mais Tymeur profita de l'entrevue pour le tuer, et les troupes paysannes se dispersèrent.

Le Duc de Chaulnes, gouverneur de Bretagne, tira parti de la confusion engendrée par la mort d'Ar Balp. La répression fut atroce. Des centaines de paysans furent pendus. Des centaines d'autres furent envoyés aux galères. Les soudards français répandirent la terreur par le meurtre, le viol, l'incendie, et la torture. Les principaux chefs des Bonnets Rouges s'enfuirent vers les îles Glénan, au sud de Concarneau, où ils furent recueillis par un navire de la flotte hollandaise.

A Rennes, les pendus se comptèrent aussi par centaines. Les maisons furent pillées, les quartiers séditieux furent rasés. Dix mille soldats furent logés chez l'habitant. Il est impossible de décrire ici toutes les atrocités, les meurtres d'enfants, les viols et les pillages dont se rendirent coupables les soldats français. Ils étaient assurés de l'impunité par leur chef, le major De Pommereu, chargé d'administrer la justice en Bretagne.

Le Parlement, exilé à Vannes, revint à Rennes en 1689. La Bretagne demeura silencieuse jusqu'à la fin du règne de Louis XIV, en 1715. Un silence de mort.

Trois mois après le décès du roi, la Bretagne ressuscitait. Les États se réunirent à nouveau. Ils refusèrent de couvrir les dépenses décidées sans leur accord, et envoyèrent leurs doléances à la cour de Paris. L'intendant français fut stupéfait – on le comprend – de ce brusque changement d'attitude.

En 1717, les États de Bretagne refusèrent de voter une nouvelle contribution de deux millions de livres réclamée par les autorités françaises. De toute façon, la province était en faillite. Il y avait 5 millions de livres de revenu, et 9 millions de dépenses. De plus, la dette avoisinait déjà les 36 millions.

Les États furent dissous et l'intendant tenta d'imposer la contribution. Mais le Parlement de Rennes refusa de l'enregistrer.

Le renvoi des États de Bretagne était ressenti comme une négation du Traité d'Union. Les relations entre les députés bretons et l'administration française s'aigrirent.

En septembre 1718, un *"Acte d'union pour la défense des libertés de la province"* fut signé par une soixantaine de gentilshommes. L'acte fut recopié, parfois résumé, et envoyé à tous les nobles bretons.

Cet acte n'était pas vraiment un appel à la révolution. C'était tout au plus un appel pour la défense des privilèges de la noblesse. Mais une allumette, même inoffensive à première vue, peut allumer un incendie. C'est ce qui arriva.

L'un des agitateurs, Lambilly, proposa en avril 1719 de demander l'aide de l'Espagne. L'Espagne, à l'époque, était en guerre contre la France. Les protestataires devinrent des conspirateurs.

Au même moment, le peuple supportait de plus en plus difficilement le poids de l'impôt. En centre Bretagne, les habitants refusaient de payer, et des émeutes éclatèrent aussi dans les villes de Lamballe, Vitré et Nantes. Ici et là, les membres de la conspiration prenaient la tête des émeutiers ; ce fut le cas des frères Rohan-Pouldu, dans la ville de Guérande.

Dans cette atmosphère de trouble social, les conspirateurs reçurent de l'Espagne la promesse que 8 000 soldats et 2 millions de couronnes seraient envoyés pour soutenir le complot. Le Marquis de Pontkalleg proposa de créer une armée bretonne, et transforma son château en une place fortifiée.

Le maréchal de Montesquiou, commandant des forces militaires en Bretagne, s'inquiétait de l'agitation et des rumeurs qui secouaient la petite noblesse. En septembre 1719, il envoya des soldats pour enquêter et contrôler le pays. En dehors de l'agitation sociale, il découvrit l'existence de la conspiration. Les événements s'accélérèrent. Les conspirateurs décidèrent de transformer la province en une république, et de marcher sur Rennes. Mais sur le lieu de rendez-vous, ils n'étaient que quinze. Certes, l'aide espagnole arrivait, mais la flotte de six navires fut dispersée par une tempête. Seuls 300 soldats, des mercenaires irlandais pour la plupart, débarquèrent à côté d'Auray... pour rembarquer rapidement.

Ce fut la panique. Lambilly et les frères Rohan-Pouldu s'enfuirent en Espagne, Du Groesquer en Allemagne, d'autres en Hollande. Pontkalleg et quelques autres, après un simulacre de résistance, furent faits prisonniers.

Une cour spéciale de justice fut mise en place à Nantes en octobre 1719. Il y avait plus de 70 accusés. Le tribunal décida de ne juger que 23 d'entre eux, 7 en leur présence et 16 par contumace. Quatre des principaux conspirateurs, Pontkalleg, Montlouis, Talhouët et Du Couédic, passèrent en jugement le 26 mars 1720. Il n'y eut pas d'audience publique, pas de débat, pas d'avocat. Les accusés ne virent jamais leurs juges. Ils furent condamnés à mort et décapités le jour même.

La plupart de ceux qui s'étaient enfuis moururent en exil.

Pontkalleg devint un héros populaire, un martyr des libertés bretonnes. De nos jours encore, des ballades sur sa mort sont chantées par les Bretons.

Les corsaires bretons

Globalement, la Bretagne a été ruinée durant le règne de Louis XIV, mais quelques villes ont accumulé d'immenses fortunes grâce à une activité bien particulière : la piraterie maritime, encouragée par le Roi de France afin de ruiner les commerces anglais et hollandais.

A Saint Malo, le capitaine corsaire le plus célèbre fut Duguay-Trouin (1673-1736) qui, durant sa carrière, prit plus de 200 navires de guerre et 300 navires de commerce aux Anglais et aux Hollandais.

Jacques Cassard (1669-1740), de Nantes, en fit autant. En septembre 1708, avec une frégate et deux corvettes, il attaqua un convoi de 35 navires de commerce escortés par 75 vaisseaux de guerre. Il ramena 5 navires à Saint Malo. Peu de temps après, il en capturait 8 autres. Il mourut en prison, pour avoir osé insulté la cour ; crime de lèse-majesté...

Au nom des droits nationaux
(1720-1789)

1740-1748	*Guerre de succession d'Autriche*
1745	*Bataille de Fontenoy. La France envahit les Provinces Unies (Hollande)*
XVIIIe siècle	*Age des Lumières. Montesquieu (1689-1755) ; Voltaire (1694- 1778) ; Rousseau (1712-1778) ; Les encyclopédistes (Chambers en Angleterre, Diderot et d'Alembert en France)*
1762-1796	*Règne de Catherine de Russie*
	Pays celtiques
1746	*Ecosse : bataille de Culloden. Défaite des Stuarts et des Ecossais.*
1782	*Irlande : Henry Grattan obtient une Constitution irlandaise. Fin des « lois pénales ».*

Le XVIIIe siècle est marqué par la prépondérance d'une classe sociale, qui devient de plus en plus présente sur le plan politique : la bourgeoisie. Jusque-là, les hommes d'affaires bretons, fortune faite, s'efforçaient de rejoindre les rangs de la noblesse. Désormais, les attentions de la bourgeoisie s'éloignaient des attentions de l'ancienne noblesse rurale. La bourgeoisie revendiquait fièrement son identité, indépendamment de la monarchie, et contre la noblesse.

"L'Affaire de Bretagne", qui opposa le Parlement breton à la monarchie française, pourrait être considérée comme un intermède, quelque peu incongru, dans l'évolution de la société bretonne. Mais, en observant les choses d'un peu plus près, on y détecte les germes d'un profond changement. Les idées nouvelles prenaient racine en Bretagne.

En 1762, Louis René Caradeuc de la Chalotais était procureur général du Parlement de Bretagne. Il était connu pour être un protestataire, ami des encyclopédistes et des philosophes français. Agé de plus de 60 ans, il était aussi considéré comme un esprit clair, et comme un excellent juriste.

Il prit position pour l'interdiction de l'ordre des Jésuites en Bretagne. Aux États, il bénéficiait du soutien de la bourgeoisie. La noblesse et le clergé, en revanche, se prononcèrent en faveur des Jésuites.

En 1763, le Parlement breton établit des liens avec les autres parlements provinciaux, afin de mieux résister aux impôts nouveaux et aux offensives du pouvoir central. La Chalotais envoya un rapport au Roi Louis XV, qui était une plaidoirie en faveur de la bourgeoisie urbaine :

"Le propriétaire n'est pas sûr s'il jouira le lendemain de sa propriété et de son champ (...). Les communautés (villes) *ne sont plus maîtresses de leurs choix ; il faut que leurs députés soient, pour ainsi dire, du choix de vos commissaires (...)".*

En 1764, le Parlement refusa d'enregistrer de nouveaux impôts. Le Conseil du Roi passa outre. En représailles, le Parlement breton arrêta de fonctionner. Un tel acte (la grève !) était un défi au pouvoir royal.

Certains magistrats furent exilés, d'autres emprisonnés. La Chalotais fut enfermé au château du

Taureau, dans la baie de Morlaix, puis à Saint Malo. De là-bas, il rédigea une plaidoirie qui rendit sa cause très populaire.

Après plusieurs tentatives avortées pour juger les magistrats bretons, il devint évident qu'il n'existait aucune base légale justifiant leur détention. Il fut alors décidé de les envoyer en exil. La Chalotais fut envoyé à Saintes, non loin de Bordeaux.

A la mort de Louis XV, en 1774, les exilés furent autorisés à rentrer. La Chalotais reçut un accueil triomphal. Dès la première audition du Parlement breton, il invoqua les *"droits de la nation bretonne"*. A travers la Chalotais, la revendication bretonne avait trouvé un nouveau langage.

Les États de Bretagne se proclamèrent *"assem-blée nationale"*. Les députés de la bourgeoisie déclarèrent qu'ils représentaient le peuple breton. La noblesse répliqua qu'ils n'étaient guère plus qu'une oligarchie urbaine, et qu'eux-mêmes représentaient les habitants des campagnes. Les membres des États, manifestement, ne voulaient plus n'être que des déci-deurs. Ils voulaient être, en plus, des représentants légitimes de la nation. La Bretagne expérimentait la démocratie.

En 1776, les députés du tiers-état (l'ensemble de ceux qui n'étaient ni nobles ni ecclésiastiques) réclamè-rent un nouveau partage des impôts. Ils critiquaient de plus en plus vivement les dérogations et les privilèges dont jouissaient la noblesse et le clergé. Des sociétés de pensée et des loges maçonniques apparurent dans les villes bretonnes.

En 1778, des troubles éclatèrent. Le fossé entre la noblesse et le clergé d'un côté, la bourgeoisie de l'autre, se creusait. Les débats aux États de Bretagne dégénérèrent et devinrent stériles.

En janvier 1789, des batailles de rue entre partisans de la noblesse et ceux de la bourgeoisie ensanglantèrent la ville de Rennes.

Le vieil ordre social vacillait. La Révolution française allait le renverser.

Attaques anglaises

Le 5 juin 1758, une armée anglaise de 14 000 soldats débarqua à Cancale sous le commandement de Marlborough, avec l'intention de détruire de port de Saint Malo. Ils brûlèrent 52 bateaux à Saint Servan, mais s'arrêtèrent là et regagnèrent prestement leurs navires.

En septembre de la même année ils débarquèrent de nouveau, cette fois ci à Saint Cast. Dans la bataille, les Anglais furent battus et perdirent 2700 hommes.

Au cours des années qui suivirent, les Anglais établirent un blocus des côtes bretonnes. Ils occupèrent Belle-Île, en face de la presqu'île de Quiberon, pendant deux années (1761-1763)

La province de Bretagne

Au seuil du grand bouleversement que fut la Révolution française, arrêtons-nous un instant pour observer l'évolution de la Bretagne depuis le Traité de 1532 jusqu'à 1789.

Durant ces deux siècles et demi, la Bretagne a connu trois grandes tentatives de soulèvement.

Entre 1589 et 1598, le Duc de Mercoeur, gouverneur de Bretagne, suivit une politique sinueuse et opportuniste en opposition au Roi de France. Au sein de ce mouvement naquit une conspiration contre l'Union à la France, dirigée par un évêque, Georges d'Aradon.

En 1675, le mécontentement populaire provoqua de graves troubles sociaux dans les villes de Nantes, Rennes, et dans les campagnes à l'ouest du pays. Ces émeutes étaient dirigées contre les impôts. Au sein de cette agitation se manifestèrent les partisans de la "liberté Armorique".

En 1718, la grogne de la noblesse bretonne se traduisit par une pétition, dont les objectifs furent rapidement dépassés. Un complot se fit jour qui se donnait pour objectif la création d'une république, et non plus seulement le maintien des privilèges.

*A chaque fois qu'un mouvement social ou poli-
tique d'envergure a vu le jour en Bretagne, les
éléments les plus déterminés ont durci le ton sur le
thème de l'indépendance. Ce phénomène doit être
souligné : durant les périodes de crise, l'hypothèse
d'indépendance émerge systématiquement.*

*Le deuxième point, qui vient compléter le pre-
mier, est que les mouvements modérés constituent
une gêne, au mieux une inutilité, pour les partisans
de l'indépendance. Parce qu'elle avait conservé trop
de liens avec le Duc de Mercoeur, la conspiration
de Georges d'Aradon resta une intrigue politique,
et le soutien espagnol fut très mal utilisé. Ar Balp
fut assassiné par l'homme qu'il essayait de rallier à
sa cause. Pontkalleg fut abusé par ceux qui, dans
un premier temps, signèrent la pétition, et qui se
désistèrent quand les choses devinrent dangereuses. L'idée d'identité régionale, de toute évidence,
échauffe le projet indépendantiste. Mais elle est
trompeuse ; elle ne développe ni n'encourage l'offensive.*

*Le troisième point que l'on peut noter est que
les meneurs des trois mouvements manquaient sin-
gulièrement de confiance en eux-mêmes. Georges
d'Aradon ne sortait pas de l'ombre de Mercoeur,
alors que les partisans de l'infante Isabelle étaient
plus nombreux que ceux du gouverneur. Sebastian
Ar Balp demande à son prisonnier, noble et donc
apte à commander, de prendre la tête des troupes
rebelles ; terrible humilité du roturier face au seigneur, et cela le vouait à l'échec. Pontkalleg dépend
complètement du soutien espagnol. Il n'a manifestement pas de plan personnel. Lorsqu'il apprend*

*que le débarquement a échoué, il désespère et ne
prend aucune décision, si ce n'est celle de s'enfuir.*

*Ce manque de confiance en soi, si éloigné des
attitudes bretonnes lors de la période d'indépendance, est caractéristique d'un peuple soumis. Les
rebelles aspiraient à une souveraineté légitime,
mais ils n'étaient pas capables de l'assumer par
eux-mêmes. Georges d'Aradon résout la question de
façon élégante, en offrant le trône ducal à la fille
du Roi d'Espagne. Les Bonnets Rouges élaborent
une nouvelle législation ; mais jamais on ne voit
qu'ils auraient tenté de la mettre en pratique et de
créer un nouvel ordre social. Pontkalleg rêve d'une
souveraineté bretonne, mais ne peut même pas en
dessiner le mécanisme ou nommer un éventuel souverain.*

*Les mouvements nationaux de l'ancienne
Bretagne conservent les divisions sociales de l'époque. Georges d'Aradon est évêque, et ses intérêts
sont d'ordre ecclésiastique. Il représente le clergé
breton de l'époque, dans toutes ses traditions, sa
spiritualité, et ses limites. Sebastian ar Balp et les
Bonnets Rouges sont des roturiers. Leurs préoccupations sont celles des travailleurs et des paysans :
l'impôt et la justice sociale. Pontkalleg est un noble,
et son inspiration est celle de la noblesse : les privilèges et le pouvoir.*

*Les trois castes de l'ancienne société celtique, les
prêtres, les travailleurs, et les chevaliers, s'engagèrent, les uns après les autres dans le combat pour
la liberté nationale. Ces trois tentatives ne sont pas
suffisantes par elles-mêmes, mais elles sont complémentaires. Georges d'Aradon a le souci de l'unité*

spirituelle de la Bretagne. Toutes les lettres qu'il écrit au Roi d'Espagne traduisent cette obsession, qui le mena au séparatisme. Les Bonnets Rouges visent à la justice et à l'harmonie sociale. Ils élaborent des codes prônant le mariage entre nobles et roturiers, et la suppression des privilèges. L'objectif (ou plutôt le rêve agité) de Pontkalleg tourne autour de l'organisation politique : concept de république, alliance avec les ennemis de la France.

Virtuellement, ces trois éléments pourraient-ils fusionner ? Voyons cela de plus près.

Les complots de Georges d'Aradon et de Pontkalleg se réfèrent au Traité de 1532. Le salut est pour eux un retour à l'ordre ancien. Il n'y a aucune volonté de créer ou d'innover. Trop fiers pour admettre la défaite et l'humiliation, mais assez audacieux pour se révolter, ils sont néanmoins prisonniers de leur classe sociale. Ils mènent un combat national, mais c'est au nom d'un âge d'or enfoui dans les brumes du passé, et dont ils conservent une puissante nostalgie. Le mode d'action qu'ils ont choisi, l'intrigue et la conspiration, est très révélateur de cette recherche d'un trésor perdu dans la nuit et dans le rêve.

La révolte des Bonnets Rouges est bien différente. Ceux-ci ne s'attardent pas sur le passé ; ils ne s'en préoccupent pas. Ils ne défendent pas la liberté bretonne : ils la définissent au travers d'un programme social, même s'ils n'osent le mettre en pratique. Cette révolte n'est pas seulement une réaction face à l'oppression ; elle révèle le projet d'une nouvelle Bretagne.

A ce mouvement populaire et créateur de communauté, les XVIIIe et XIXe siècles donneront des noms : nation, réveil des nationalités. La nation, perçue comme une communauté humaine, fondée sur des bases économiques, culturelles et historiques, sera étudiée par des philosophes tels que Montesquieu ou Rousseau. A la question de légitimité politique, ils répondent par la démocratie. La Chalotais popularisera le terme de "nation bretonne", alors que les anciens rebelles combattaient pour les droits et privilèges de la Province. En 1778, Ogée dédiera son dictionnaire historique et géographique à la "nation bretonne". Les éléments progressistes de la noblesse bretonne n'hésiteront pas, eux aussi, à utiliser le terme de "nation" durant les troubles de 1788.

Mais cette première floraison, si riche de promesses, durera peu. La Révolution française, quelques années plus tard, récupérera le mot de "nation" pour son propre compte, et le confondra avec l'idée de République française.

La Révolution française,
une occasion manquée
(1789–1804)

La Révolution qui éclata en France en 1789 conduisit à de grands bouleversements, non seulement
dans le pays, mais dans toute l'Europe. Cette situation
troublée était particulièrement favorable à l'expression
d'un mouvement spécifiquement breton. Mais il ne se
trouva personne pour l'assumer.

La Révolution qui toucha la Bretagne ressembla
tout d'abord à un produit exotique. Elle était française
dans sa langue, citadine dans ses fantasmes et parisienne dans ses manières. Les Bretons, surtout ceux
qui parlaient breton et donc ne pouvaient suivre ses
discours ni ses débats, la percevaient comme un événement étranger. Ses dirigeants étaient des étrangers,
parlant une langue étrangère. Citadins, ils voyaient les
ruraux, nobles et paysans mêlés, comme des compa-
triotes douteux et des affameurs potentiels. Les révo-

lutionnaires agissaient au nom du peuple français. Ils imposaient des lois votées loin de la Bretagne, par des hommes indifférents, voire hostiles. Le parlement breton fut supprimé le 6 septembre 1790. Les Français réalisaient des transformations sociales, et les Bretons les subissaient.

Tout était perturbé. Le système scolaire ne fonctionnait plus. Les écoles étaient fermées. La langue bretonne regagna en quelques années le terrain qu'elle avait perdu en un siècle. De nouveaux impôts apparaissaient. Mais ceux qui étaient chargés de les collecter étaient des nouveaux venus. Les nobles étaient-ils encore nobles ? Les curés encore curés ? Les Bretons encore bretons ? Le Roi était-il encore le roi ?

Dans cette confusion générale, un homme scrutait l'avenir. Il comprenait les deux camps en présence, et leurs enjeux. De 1777 à 1784, le Marquis de la Rouerie avait connu une autre révolution. Il avait combattu en Amérique, du côté des insurgés, sous le nom de Colonel Armand. Il y commandait une troupe de partisans. Son courage et ses actes lui avaient valu le grade de colonel, puis de général de brigade.

De retour en Europe, il avait été emprisonné à la Bastille, pour avoir envoyé au Roi une pétition pour la liberté bretonne.

En 1791, la Rouërie créa l'Association Bretonne, qui était une organisation royaliste et provincialiste :

"L'objet de l'Association est de contribuer essentiellement, et par les moyens les plus doux, au retour de la monarchie, au salut des droits de la Province, celui des propriétés, l'honneur de la Bretagne".

La Rouërie était un meneur d'hommes et un organisateur. Il choisit dans chaque paroisse un représentant pour l'Association. Il mit en place un réseau de renseignements et de communication.

En septembre 1792, il envisagea de soulever 10 000 partisans. Mais la retraite de Brunswick, après l'insignifiante rencontre militaire de Valmy, le contraignit à retarder le soulèvement.

La Rouërie mourut inopportunément le 30 janvier 1793. Le complot fut alors découvert par les révolutionnaires français. Le cadavre de la Rouërie fut déterré et décapité.

L'Association lui survécut pendant un temps, mais perdit sa vision du futur. Certains des lieutenants de La Rouërie, tel Boishardy, prendront par la suite la tête du mouvement de réaction contre-révolutionnaire, que l'on nomme la chouannerie.

La révolte grondait en Bretagne. Déjà en mars 1792, quelques troubles avaient éclaté lorsque les objets précieux furent retirés des églises et confisqués. Le 21 janvier 1793, le Roi Louis XVI fut décapité. Cette exécution fut ressentie en Bretagne comme un scandale et un crime contre l'ordre divin.

La conscription conduisit à la révolte ouverte. Jusqu'en 1789, il n'y avait pas de conscription permanente. De plus, il avait été convenu dans le Traité de 1532 qu'un conscrit breton ne pouvait être mobilisé hors de Bretagne. Lorsque la conscription générale fut décrétée, en 1793, les jeunes Bretons la refusèrent et désertèrent en grand nombre. Les insoumis créèrent les premiers maquis de la chouannerie bretonne, avec le soutien populaire.

Cette chouannerie bretonne était très différente des insurrections normande, angevine ou vendéenne. Là-bas, la réaction contre l'ordre nouveau était contrôlée et organisée par les nobles, sur le modèle des

armées régulières. En mars 1793, la grande Armée
Catholique et Royale, forte de 40 000 hommes, fut
rassemblée en Vendée. Après quelques succès, elle fut
entièrement détruite à la bataille de Savenay, le 23
décembre 1793, par l'armée française. La pacification
de la Vendée tourna alors au génocide : les "Colonnes
infernales" traversèrent la région, tuant systématiquement sur leur passage hommes, femmes, enfants, et
même les animaux.

En Bretagne, les maquis chouans, commandés
par des paysans ou des hobereaux, menaient une
guerre d'embuscades contre les troupes françaises.
Ils tentaient de contrôler les routes, les campagnes,
et certaines zones côtières. Ils évitaient les batailles
rangées. Tout le monde y jouait un rôle : les jeunes
gens en service actif, les femmes et les enfants pour le
renseignement et le ravitaillement.

Des nobles se présentèrent, pour unifier la chouannerie bretonne ou la représenter. Peine perdue. Le
baron de Cormantin, par exemple, négocia une trêve
avec Hoche, commandant en chef des armées françaises de l'Ouest. Il signait, en avril 1795, le traité de La
Mabilais. Les chouans ne se sentaient liés en aucune
manière par cette diplomatie. La guerre continua.

Le 27 juin 1795, une troupe de royalistes français,
venant d'Angleterre, débarqua à Carnac. Les chouans
du pays vinrent les aider. Hoche les repoussa dans la
presqu'île de Quiberon. Certains des émigrés purent
rembarquer pour l'Angleterre. Les autres se rendirent,
et furent massacrés à Vannes et Auray quelques jours
après leur reddition.

Malgré les efforts pour pacifier la région, rien n'y
faisait. Le 12 juillet 1799, la République française

promulgua la Loi des otages, qui permettait d'emprisonner n'importe quel membre de la famille d'un suspect. "*Dans ce damné pays, il n'y a et il ne peut y avoir que des coupables*" écrivait Fouché, Ministre de la justice. Les chouans se soulevèrent et prirent les villes de Locminé, la Roche-Bernard, Sarzeau, Pontchateau, Blain, Nozay, Rochefort, Malestroit, et Redon. Ils entrèrent dans Nantes et Saint Brieuc. Le 24 décembre 1800, les rebelles bretons tentèrent de tuer le premier consul Napoléon Bonaparte, rue Saint Nicaise à Paris; la "machine infernale" explosa un peu trop tard.

Le chef le plus célèbre de la chouannerie bretonne, Georges Cadoudal, fut arrêté et décapité en 1804.

De toute façon, depuis 1801, la chouannerie n'avait plus de raison d'être. Le concordat entre la France et le Saint Siège avait ramené la paix religieuse. La Révolution était terminée. Napoléon gouvernait la France. Il fut couronné empereur en 1804. Il proclama l'amnistie pour les royalistes. La Bretagne, lasse de 15 années de guerre, redevint une province française.

Repli de la culture
(1804-1911)

1815	*Le Congrès de Vienne réorganise l'Europe après la chute de l'empire napoléonien. L'ordre nouveau, d'inspiration monarchique, sera balayé par le réveil des nationalités durant la deuxième moitié du siècle.*
1848	*Le Printemps des Peuples : soulèvements démocratiques et nationaux en Italie, Allemagne, France, Autriche, Hongrie, Serbie, Bohème, Croatie, Moldavie, et Valachie.*
1870	*Fin du processus d'unification italienne*
1871	*Les Allemands prennent Paris ; Proclamation de l'empire allemand.*
XIXe siècle	*Révolution industrielle en Europe de l'Ouest et en Amérique du nord. Développement d'une classe capitaliste et d'un prolétariat industriel (1848 : publication de "Manifeste du Parti Communiste", de Karl Marx). Expansion des empires coloniaux, en relation avec l'expansion industrielle européenne.*

Pays celtiques

Irlande 1823	*O'Connell lutte pour les droits civiques irlandais.*
1845-1850	*La grande Famine.*
1848	*Mouvement révolutionnaire Jeune Irlande.*

Irlande 1858	*Création de la société secrète « Fraternité Républicaine Irlandaise »,qui lutte avec des bombes pour une république irlandaise.*
1875	*Election d'un député nationaliste irlandais, Charles S. Parnell.*
Ecosse 1816	*Début de l'éviction des paysans, remplacés par les moutons dans les Highlands.*
Pays de Galles	*1831-1844 : Emeutes populaires au Pays de Galles ; mouvement Chartiste dans les villes, mouvement Rebecca dans les campagnes.*

La nation française a atteint son apogée au XIXe siècle. La centralisation est menée à terme par Napoléon Ier. Pour des non-Français, il est difficile d'imaginer le niveau d'unification atteint par la France à cette époque. Le même jour, à la même heure, les élèves de toutes les écoles transpiraient sur les mêmes exercices. Même le plan des villes fut standardisé.

A l'extérieur du pays, conquête. Napoléon entraîne ses armées jusqu'aux portes de Moscou. Pendant la deuxième partie du siècle, la colonisation fut pour la France plus qu'un objectif politique, une mission spirituelle.

Durant ce siècle, le visage de Paris se transforma : les grands boulevards, l'Arc de triomphe, la place de la Concorde, la Tour Eiffel. Le pouvoir d'État triomphant imprima sa marque à la cité, comme le pouvoir économique triomphant imprimera sa marque à New York un siècle plus tard.

En Bretagne, le XIXe siècle fut une période de transition. Les vieux privilèges bretons avaient disparu, de façon irréversible. La restauration de la monarchie en 1814 n'eut pas pour effet de restaurer les libertés provinciales. Les derniers rois de France consolidèrent l'œuvre de centralisation.

Le clergé et la noblesse ne combattaient plus pour des droits nationaux, mais plutôt pour des privilèges locaux. Le prêtre gouvernait sa paroisse, et obéissait à l'évêque. La France était au-dessus. L'aristocrate breton était maître sur ses terres, mais ne se sentait plus lié par des intérêts communs avec les autres aristocrates. La chouannerie avait perdu son caractère politique et était devenue une nostalgie. En Bretagne, les traditions chouannes devinrent une gêne pour l'expression de l'identité nationale.

Le vieux nationalisme resurgit ponctuellement en 1830, comme hors de propos. Une Ligue pour le Refus de l'Impôt fut créée et menée par Beslay, député du département des Côtes-du-Nord. Pour protester contre les changements apportés par le Roi Charles X à la Charte constitutionnelle, il tirait argument du Traité de 1532.

Quoiqu'il en soit, il était évident qu'un retour à l'ancien statut de la Bretagne était impossible. Les événements politiques de la péninsule faisaient maintenant partie de l'histoire politique française.

L'histoire de Bretagne de cette période n'est pas inexistante, mais elle est essentiellement une histoire culturelle. C'est l'histoire de la sauvegarde de l'héritage culturel. L'œuvre réalisée est, du reste, remarquable.

Les linguistes codifièrent le breton pour en faire une langue moderne et unifiée. En 1821, Le Gonidec publia un dictionnaire de la langue celto-bretonne et, en 1838, une grammaire celto-bretonne. Les grammairiens français, pour unifier leur langue, avaient pris pour référence le dialecte de l'aristocratie parisienne, et aussi celui des "crocheteurs de Port-aux-foins". Le Gonidec prit pour référence le parler populaire du Léon, au Nord-Ouest de la Bretagne.

Son travail fut poursuivi par d'autres linguistes. En 1843, A. Troude publia un nouveau dictionnaire français-breton. A la fin du siècle, les universitaires se penchèrent sérieusement sur la langue bretonne. Une chaire d'études celtiques fut ouverte en 1893 à l'Université de Rennes.

Sur l'histoire de Bretagne, un travail gigantesque fut réalisé. Des équipes d'historiens enthousiastes renouvelèrent complètement les connaissances d'alors. Ils déchiffrèrent les archives, réunirent les documents, et publièrent leurs innombrables recherches grâce à la Société des Bibliophiles Bretons. En 1840, Aurélien de Courson publia son Histoire de Bretagne, suivi quatre ans après par Pitre-Chevalier. *Histoire de Bretagne*, le monumental ouvrage d'Arthur le Moyne de La Borderie et de Barthélémy Pocquet fut publié en 1896.

Les investigations historiques touchèrent aussi des domaines très spécialisés : Fréminville réalisa un inventaire des mégalithes, Gaston de Carné exhuma les lettres des ligueurs bretons des archives espagnoles. Des associations furent créées : la Société Archéologique du Finistère en 1873, la Revue Historique de l'Ouest en 1884, les Annales de Bretagne en 1897.

A la même époque, des collecteurs rassemblèrent les joyaux de la tradition orale. Le plus célèbre d'entre eux est Hersart de la Villemarqué, qui publia en 1839 le *Barzaz Breiz*. Cette anthologie des chants mythologiques, historiques et populaires (dont certains ont des origines très anciennes) connut un succès européen, à l'égal des *poèmes ossianiques* de l'Ecossais MacPherson (1760) ou du *Kalevala* finlandais d'Elias Lonnrot (1835). Plus tard, François Luzel assembla une riche collecte de chants et de légendes. Anatole Le Braz réunit et publia en 1893 les Légendes de la Mort.

Ce mouvement pour la sauvegarde et la collecte de l'héritage breton fut remarquable. Mais il est essentiellement conservateur, quasi muséographique. Hersart de la Villemarqué expose très clairement sa vision dans la préface du *Barzaz Breiz* :

"Sans rôle à jouer dans l'avenir comme nation, mais non sans regret du passé, la Bretagne se recueille aujourd'hui dans le sanctuaire domestique, à l'abri de ses vieilles croyances, de ses mœurs et de son langage, prêtant l'oreille à ses chanteurs dont la muse, désormais pacifique, n'est plus que celle du foyer."

Arthur de la Borderie exprime la même idée dans son *Histoire de Bretagne*

"La Bretagne armoricaine est la plus longue, la plus complète des existences provinciales qui ont fini par verser leur flot dans le fleuve immense et splendide de l'histoire de France (...)".

Il ajoute néanmoins :

"La Bretagne est même mieux qu'une province. Elle est un peuple, une nation véritable et une société à part, sinon étrangère à la nation et à la société française, du moins entièrement distincte dans ses origines, entièrement originale dans ses éléments constitutifs".

Les deux auteurs ne pouvaient imaginer pour la Bretagne un avenir qui ne fût pas français.

Le pays, il est vrai, avait été francisé. Les anciennes frontières avaient été détruites. Les paroisses avec leurs églises, leurs vieux saints, leur histoire, avaient été remplacées par les "communes" et les "cantons", aux tracés souvent différents. Les neuf subdivisions de la Bretagne, qui furent aussi des diocèses ecclésiastiques, avaient été redécoupées en 5 départements. Il n'y avait plus d'évêque à Saint Pol de Léon, Tréguier, Dol, Saint Malo. Le nom de Bretagne même avait disparu du vocabulaire administratif. Le territoire français était devenu un puzzle de départements, avec des noms abstraits, étrangers à l'histoire.

L'économie de la péninsule, déjà affaiblie par son union avec la France, était en déliquescence. Les industries métallurgiques et textiles avaient quasiment disparu. L'agriculture, avec la fin du commerce international, n'était plus qu'une agriculture de subsistance.

Les écoles, dont le but principal était d'apprendre la langue française aux bretons, désorientaient la libre expression populaire. Face à la nation française triomphante, la Bretagne semblait promise à une mort silencieuse.

La guerre de 1870 entre la France et la Prusse fut particulièrement éprouvante pour la Bretagne, malgré son éloignement géographique. Une armée de conscrits, l'Armée de Bretagne, fut recrutée par Emile de Keratry, un député parisien d'origine bretonne. Le ministre de la guerre, l'avocat Léon Gambetta, alliait l'incompétence militaire, la méfiance envers les Bretons soupçonnés d'être des ennemis de la république, et les fantasmes sur les glorieux soldats de l'an II.

Les conscrits bretons furent parqués dans le camp de Conlie, près du Mans, entre Rennes et Paris. Une partie d'entre eux fut envoyée contre les Prussiens, sans entraînement et sans armes, à la bataille de la Tuilerie.

Pour les autres, le camp de Conlie devint un camp de concentration, où la famine, le froid et le typhus les décimèrent entre novembre 1870 et fin janvier 1871. Dix mille Bretons moururent, ensevelis dans la boue.

Coïncidences historiques

Avant de pénétrer dans le XXᵉ siècle et d'obser-
ver les nouvelles tendances de l'histoire bretonne,
tournons-nous une dernière fois vers le vieux natio-
nalisme. Prenons la fantaisie de juxtaposer deux
histoires celtiques, celle de la Bretagne et celle de
l'Irlande, dans leurs périodes analogues.

Il existe un intervalle de 190 ans entre la der-
nière tentative indépendantiste bretonne, celle
de Pontkalleg, et la proclamation d'un nouveau
séparatisme en 1911. En Irlande, l'intervalle de
temps est exactement le même entre le dernier
soulèvement du vieux nationalisme et la création
du premier groupe républicain. La noblesse irlan-
daise, menée par Hugh O'Neill et soutenue par
les Espagnols fut vaincue à la bataille de Kinsale
en 1601. Les aristocrates irlandais s'enfuirent à
Rome, et les vieilles institutions du pays s'effa-
cèrent devant la colonisation anglaise. En 1791,
donc 190 ans après, Wolfe Tone organisa l'associa-
tion des Irlandais Unis, qui visait à rompre les liens
avec la Grande-Bretagne. De Hugh O'Neill à Wolfe

Tone, l'Irlande fut en quelque sorte abolie par les Lois Pénales[13].

Les histoires bretonnes et irlandaises, avec un décalage de 120 ans, présentent d'étranges analogies. La conspiration de Pontkalleg, comme celle de Hugh O'Neill, était soutenue par l'Espagne. C'est l'ultime tentative des anciens chefs politiques pour retrouver un prestige et une suprématie perdue. La mort de Pontkalleg et la fuite des seigneurs bretons, au même titre que la fuite des comtes irlandais, marque la fin d'une époque. Soixante dix ans après la mort de Pontkalleg, la Révolution française viendra balayer toutes les références à la souveraineté bretonne. Le pays sera supprimé. Soixante cinq ans après Kinsale, les premières Lois Pénales abolissaient l'ancienne société irlandaise.

En Irlande, l'étau se desserre en 1779. Les lois économiques furent assouplies et, en 1782, les Lois Pénales furent abolies. En 1783, le Parlement irlandais put de nouveau s'exprimer. Le séparatisme apparaît clairement en 1791 avec les Irlandais Unis.

En Bretagne, le dogme de la France "Une et Indivisible" commence à se fissurer à la chute du second empire, par la perte de l'Alsace-Moselle en 1871. La centralisation devient moins extrême, et les départements sont administrés par une assemblée élue. En 1911, le programme du tout nouveau Parti Nationaliste Breton est publié. Le séparatisme est considéré comme la seule solution à la question nationale.

---

[13] Lois écartant les catholiques irlandais de toute vie publique, sociale et politique, et les considérant comme non existant.

En Irlande et en Bretagne, il a fallu 190 ans pour passer du combat pour la restauration de l'ordre ancien à la volonté d'en établir un nouveau. La centralisation française, sans doute, a été moins dure que les Lois Pénales. C'est peut être à cause de cela qu'il traîne parfois encore en Bretagne un parfum de nostalgie du Traité de 1532, de la Duchesse Anne, et des anciens compromis.

Emsav
(1911-1945)

1911	*Fin de l'empire chinois. Sun Yat Sen proclame la république.*
1917	*Révolution bolchevique en Russie.*
1914-1918	*Première guerre mondiale.*
1918	*Réorganisation politique de l'Europe : Création des républiques de Tchécoslovaquie, Allemagne, Hongrie, Autriche, Pologne, Lituanie, Lettonie, Estonie. Création du royaume de Yougoslavie.*
1919	*Création de la Société des Nations (S.D.N.), ancêtre de l'O.N.U.*
1922	*Mussolini prend le pouvoir en Italie*
1922-1924	*Fin de l'empire ottoman ; Instauration de la république turque.*
1929-1931	*Crise économique et financière en Amérique et en Europe.*
1933	*Allemagne : Hitler devient chancelier.*
1939-1945	*Deuxième guerre mondiale. L'Europe continentale organise l'extermination des Juifs sous la direction des nationaux-socialistes.*

Pays celtiques

Irlande	*1916 : Rébellion de Pâques.*
	1920 : guerre d'indépendance
	1921 : Partition de l'île.
Pays de Galles	*1925 : Création du parti national Plaid Cymru*
Ecosse	*1935 : Création du Parti national Ecossais (S.N.P.)*

Le développement des idées démocratiques en Europe durant les XVIIIe et XIXe siècles incitèrent de plus en plus de citoyens à participer à la vie politique. Néanmoins, le débat suppose un minimum d'homogénéité en termes de façons de penser, de traditions, de mœurs, et de langage. Sinon le débat tournerait à l'anarchie, et ne serait qu'une inutile cacophonie.

Prenons un exemple. Pour instaurer un débat démocratique sur l'enseignement, il faut que la question soit comprise par tous les participants. Ainsi, il est nécessaire que tout le monde parle une même langue ou qu'il existe un système de traduction adapté. Il faut aussi que tous comprennent ce qu'est une école, et acceptent l'existence d'enseignants professionnels rémunérés. Il faut enfin que tous reconnaissent la primauté d'un tel système sur d'autres, moins formels, comme le *fosterage*[14] irlandais ou encore le pur apprentissage pratique. Il faut en outre, si l'on veut définir une volonté commune ou tout au moins une majorité représentative, définir les limites géographiques du débat. Un système éducatif français unique concerne les habitants de Marseille, de Paris, mais aussi de Bretagne ou de Tahiti, mais non les Wallons ou les Canadiens.

Au nom de la Démocratie, les autorités politiques françaises ont travaillé depuis la Révolution à homogénéiser les populations qui peuvent et doivent participer au débat. Le système éducatif, la conscription et la centralisation administrative en ont été les moyens les plus efficaces.

Toutefois, les traditions et les cultures évoluent moins vite que les idées. C'est ainsi qu'un phénomène nouveau apparut : des individus, convertis à la démocratie, ont voulu participer à la vie politique française sans être au préalable devenus de véritables Français.

---

[14] Dans l'Irlande ancienne, éducation acquise au contact d'un parrain ou d'une marraine.

En 1907, le Languedoc connut une grave crise viticole. Le meneur des vignerons, Marcelin Albert, lançait ses mots d'ordre en langue occitane. L'Administration française se moqua de ces habitudes provinciales, jusqu'au moment où le 17e régiment, envoyé sur place pour maîtriser la révolte, rejoignit le camp des insurgés. L'État français put prendre conscience du fossé d'incompréhension qui existait entre les représentants de sa démocratie et les habitants des territoires français.

En 1900, le Nantais Charles Brunellière avait créé la Fédération Socialiste Bretonne. Cette Fédération regroupait 70 syndicats et 35 groupes socialistes. Son objectif, selon Charles Brunellière, était de *"mettre en oeuvre, pour la cause socialiste, les réserves de vitalité et de force contenues dans notre population, et que le bien-être et la civilisation n'ont pas usées"*. La Fédération fut dissoute en 1907, car elle ne s'intégrait pas dans le débat et dans l'organisation socialiste française.

En marge de la fermentation politique, l'idée d'autonomie émergeait lentement. L'Union Régionaliste Bretonne fut créée en 1898. Elle rassemblait des notables de la petite noblesse et de la bourgeoisie, qui se voulaient respectés et respectables. L'Union était cependant ambiguë. En breton, L'union Régionaliste se nommait "Unvaniez Vroadel Vreiz", ce qui signifiait "Union Nationale Bretonne". La Fédération Régionaliste Bretonne apparut en 1911, ainsi que le Parti Nationaliste Breton.

Ce premier Parti Nationaliste rassemble seulement une poignée de militants. Mais il se constitue en avant-garde. Dans une proclamation intitulée "Pour le Séparatisme" est formulée l'ébauche d'un programme pour la Bretagne : séparation d'avec la France, indépendance politique pour la nation bretonne. La référence aux anciens privilèges est abandonnée, et le régionalisme est considéré comme une position humiliante.

"Nous pensons que le premier devoir d'une nation, le principe même de toute nationalité, c'est l'indépendance. Quand un peuple a perdu son indépendance, il doit tendre uniquement à la reconquérir et ne jamais cesser de la revendiquer. C'est pourquoi nous la réclamons pour notre pays, estimant que tout autre état que l'état d'indépendance est indigne de la Bretagne."

Une affirmation aussi tranchée, n'avait aucune chance d'être populaire. La France, alors, se préparait à la guerre pour la reconquête de l'Alsace et de la Moselle, perdues par la guerre de 1870. De toute façon, les idées étaient trop nouvelles, les hommes inexpérimentés, le parti trop récent : il disparut dans la tourmente guerrière de 14-18. Mais il sonnait le réveil ("emsav") du mouvement national moderne.

Cent vingt à cent cinquante mille Bretons moururent pour la France[15] sur les champs de bataille de la Grande Guerre, soit de 22% à 25% des conscrits. La moyenne française était de 16 à 17% ; la moyenne

---

[15] Ces chiffres sont basés sur des comptages liés aux listes des monuments aux morts. Il faudrait y rajouter ceux qui ont disparu sans que les autorités administratives les considèrent comme « morts pour la France », pour d'innombrables raisons. C'est par exemple le cas de François Laurent, de Mellionnec, bretonnant monolingue, fusillé parce qu'il ne comprenait pas les ordres qu'on lui donnait en français. Il faudrait aussi y ajouter ceux qui ont été tués, non à la guerre mais par la guerre ; Ceux qui sont décédés après leur démobilisation, de leurs blessures ou des gaz qu'ils avaient inhalés.

parisienne de 10 à 12%. En 1919, le président de l'Union Régionaliste, le Marquis de l'Estourbeillon, remit aux délégués de la Conférence de Paix une pétition signée par 800 notables bretons, dont le héros de Verdun, le maréchal Foch. La pétition s'appuyait sur l'attachement à la France exprimé par le sacrifice des Bretons durant la guerre pour demander un renouvellement du traité de 1932 et le droit pour la Bretagne de s'exprimer dans les conférences internationales. Les Bretons se référaient aux principes du président américain Wilson, qui prônait *"le droit des peuples à disposer d'eux-mêmes"*.

La pétition tirait argument de la surmortalité bretonne par rapport à la moyenne française. *"Eh bien, vous êtes donc deux fois français !"* leur fut-il répondu.

Ce mépris craché au visage des régionalistes fut tout à fait salutaire. La nouvelle génération comprit qu'elle n'avait aucun intérêt à s'agenouiller devant la France. Elle ne voulait pas, comme ses aînés, provoquer la pitié, la compassion ou le mépris. Elle provoqua un tout autre sentiment : la haine. Aujourd'hui encore, le nom "Breiz Atao" reste bien sulfureux.

A l'inverse des conservateurs du XIXe siècle, les nationalistes bretons de la période 1919-1939 furent essentiellement des bâtisseurs. Roparz Hemon et ses compagnons du mouvement culturel Gwalarn écrivirent un nombre impressionnant d'ouvrages en langue bretonne. Ils traduisirent des auteurs anciens et modernes, et mirent en forme une nouvelle littérature. Ils étaient aussi linguistes : ils modernisèrent et unifièrent la langue bretonne, et lui offrirent un futur.

D'un point de vue spirituel, l'association catholique Bleun Brug, dirigée par l'abbé Jean Marie Perrot essaya de libérer les Bretons des traditions chouannes, afin de construire une spiritualité bretonne.

Cet esprit novateur n'était pas aussi clair dans le mouvement politique, malgré le vigoureux élan donné par le journal *Breiz Atao* (Bretagne Toujours) fondé en 1919. Le Parti Autonomiste Breton vit le jour en 1927. En 1928, la déclaration finale de son congrès à Chateaulin se résumait à une pauvre négation: *"Nous ne sommes pas séparatistes"*. Miné par les querelles de personnes, le Parti Autonomiste disparut en 1931.

Le Parti National Breton, P.N.B., vit le jour en 1932. La même année, l'organisation secrète *Gwenn-ha-Du* ("Blanc et Noir", les couleurs nationales de la Bretagne) secouait la Bretagne par plusieurs attentats à la bombe. Le 7 août, le monument rennais commémorant l'Union de la Bretagne à la France fut détruit par une explosion, la première et la plus symbolique. En novembre, un attentat coupa la voie de chemin de fer à Ingrandes, non loin de Nantes, devant le convoi qui transportait Edouard Herriot, Président du Conseil.

Le mouvement nationaliste s'organise alors très rapidement. Fransez Debeauvais et Olier Mordrel donnent au parti une structure solide, et établissent un programme. Célestin Lainé organise les actions anti-françaises : d'abord par les sabotages de Gwenn-ha-du, puis par Kadervenn ("Sillon de Combat"), conçu comme l'embryon d'une armée bretonne. Un lien avec l'Allemagne est établi et, en août 1939, des armes allemandes sont débarquées secrètement sur la côte nord de la Bretagne. Cet événement, qui est à relier au changement de nom de l'organisation clandestine, révèle le passage d'une pratique d'attentats à un projet insurrectionnel. Le point de non-retour est atteint, et même largement dépassé.

Le conflit mondial est imminent. Mordrel et Debeauvais s'enfuient en Belgique, puis en Allemagne. En mai 1940, Lainé est arrêté et emprisonné. Mordrel et Debeauvais sont condamnés à mort par contumace.

L'invasion allemande change complètement la situation ; elle rend obsolètes les tactiques et les projets d'avant-guerre. Mordrel et Debeauvais reviennent en Bretagne, et Lainé est libéré. En juillet, ils créent sans grande réflexion préalable le Conseil National Breton, qui se fixe des objectifs séparatistes à court terme.

Le soutien allemand, cependant, disparaît quelques mois plus tard. En octobre 1940, les accords de Montoire entre le Maréchal Pétain et Adolf Hitler construisent une nouvelle collaboration entre la France et l'Allemagne. Les stratèges allemands, confrontés à un effondrement qu'ils n'avaient pas prévu aussi complet, révisent leurs plans et renoncent à briser l'unité française.

Que fallait-il faire ? Le contrôle allemand était total, et la résistance était alors faible et inorganisée. Jusqu'en 1943, les organisations secrètes créées par de Gaulle ou par les communistes comptaient moins de 2 000 membres en Bretagne. Les militants nationalistes étaient plus nombreux, mais leur marge de manœuvre était beaucoup plus restreinte. Les Allemands avaient été si impressionnés par la soumission spontanée de la grande majorité de la population française qu'ils en avaient abandonné leur première intention de morceler l'État français. Le Reich allemand n'avait plus besoin des séparatistes bretons. De l'autre côté, la résistance combattait pour l'unité française ; et les nationalistes savaient par l'expérience de la première guerre mondiale qu'ils n'avaient rien à en espérer pour la Bretagne.

Le Parti National Breton, dirigé par les frères Delaporte, tenta de conserver la neutralité dans le conflit, et ne se compromit ni du côté allemand, ni du côté français.

Lorsque l'avancée allemande en Russie fut bloquée devant Stalingrad, en 1943, il devint évident que la puissance allemande n'était pas invincible. Les rangs de la résistance française grossirent rapidement. En cas de déroute allemande, les nationalistes bretons partageraient le sort des vaincus ou au mieux sombreraient dans l'oubli.

Célestin Lainé, dans une lettre publique aux chefs du P.N.B., posa crûment cette alternative. Le parti breton, trop modéré, n'avait convaincu personne : ni les Allemands, ni les partisans du maréchal Pétain, ni les résistants français. Aucun corps capable d'administrer une Bretagne indépendante n'avait été formé. Dans une telle situation, plaida-t-il, il était préférable de se déclarer ouvertement du côté allemand avant la fin de la guerre. Cet engagement serait probablement impopulaire, mais créerait un précédent anti-français impardonnable, et donc inoubliable.

Au début de l'année 1944, Lainé organisa une nouvelle structure militaire, la Bezenn Perrot[16]. Ce nom se rattachait à celui de l'abbé Perrot, le fondateur du Bleun Brug, assassiné par des résistants français en

---

[16] Masculin ou féminin ? Son fondateur utilisait le féminin en français (« la » Bezenn Perrot), et les documents internes utilisent aussi le féminin...

1943. Les hommes de la Bezen Perrot endossèrent l'uniforme allemand pour combattre du côté des ennemis de la France.

Quelques mois plus tard, les troupes alliées débarquaient en Normandie. Les activistes bretons se retirèrent jusqu'en Allemagne avec les troupes allemandes, avant de se disperser.

L'épuration toucha tous les milieux bretons, les activistes mais aussi les intellectuels et jusqu'aux musiciens. Il y eut plusieurs condamnations à mort et deux nationalistes furent exécutés, Léo Jasson et André Geffroy. Il y eut aussi des exécutions sommaires[17], mais le lien entre ces meurtres et le nationalisme breton des victimes n'a jamais été étudié.

Les chefs de Breiz Atao eurent après la guerre des destins différents, qui éclairent leur personnalité.

Alors que Debeauvais mourut en Alsace, Mordrel s'enfuit en Amérique du Sud. Il revint en Bretagne dans les années 70. Toujours entreprenant, il créa une entreprise dans le secteur alimentaire. Il publia un livre sur Breiz Atao, dans lequel il maintenait et justifiait ses positions.

Yann Goulet, chef des Bagadoù Stourm ("Colonnes de Combat"), la branche paramilitaire du P.N.B., s'installa en Irlande après avoir été condamné à mort par contumace. Il réapparaîtra de façon fugace sur la scène bretonne 25 ans plus tard, en tant que porte-parole et contact irlandais du F.L.B. (Front de Libération de la Bretagne). Par son activité artistique, il est considéré comme un des grands statuaires irlandais

[17] 405 dans le Finistère, 215 dans les Côtes du Nord, 192 dans le Morbihan selon *La Bretagne au XXe siècle* (Ed Skol Vreizh, Morlaix, 1983)

de la fin du XXe siècle. Il a exécuté des commandes pour le gouvernement au sud, et pour le mouvement républicain au nord de l'île[18].

Célestin Lainé, après l'Allemagne où il fut vécut avec ses lieutenants chez l'écrivain Ernst Jünger, se réfugia en Irlande et en Angleterre. Il vécut à Londres durant la guerre d'Indochine. Il y conserva sa farouche attitude anti-française au-delà des idéologies, en servant de relais aux combattants du Vietminh. Il séjourna quelques temps au Japon où il se lia d'amitié et travailla avec Georges Oshawa, le fondateur de la Macrobiotique[19]. Il est mort à Dublin à l'automne 1983.

[18] Par exemple le monument aux morts de Crossmaglen (Comté de Down)
[19] Un livret intitulé *But I love fruits !* a été publié (date inconnue), avec pour co-auteurs G. Oshawa et N. Henaff (le nom breton de C. Lainé).

Les Texans de l'Europe
(1945-1986)

1945	*Conférence de Yalta. Début de la Guerre Froide.*
1947	*Indépendance de l'Inde.*
1948	*Création de l'État d'Israël.*
1949	*Les communistes proclament la République Populaire de Chine.*
Années 50	*Emergence du Japon comme nouvel acteur économique mondial.*
1954-1975	*Guerre du Viêt-Nam.*
Années 70	*Emergence de nouvelles forces économiques en Asie du Sud-est.*
1986	*Début de l'Uruguay Round (accords commerciaux internationaux).*

La Communauté française

Décolonisation : Indochine (1954) ; Maroc et Tunisie (1956) ; Colonies d'Afrique occidentale et orientale, Madagascar (1960) ; Algérie (1962).
Corse : Drame d'Aléria (1975). Le nationalisme corse devient un problème français.

Europe

1957	*Création de la Communauté Economique Européenne.*
1979	*Election du parlement européen au suffrage universel.*

Pays celtiques

Cornouailles	*Fondation du parti national Mebyon Kernow (1951)*
Ile de Man	*Fondation du parti national Mec Vannin (1964)*
Irlande	*Début de la guerre en Irlande du Nord (1969)*

Entre 1945 et 1986, la Bretagne s'est transformée. La transformation la plus visible est celle du paysage. Le bocage s'est éclairci. Dans de larges zones, il a cédé la place à des grands champs. Les serres, les poulaillers et les porcheries voisinent avec les anciennes constructions en ruine. Des bâtiments industriels rutilants s'élèvent le long des grandes routes. En revanche, le long des chemins de traverse, les ronces prennent possession des bâtisses abandonnées et des hangars vides.

Que s'est-il passé ? Dans les journaux s'entrechoquent les thèmes de la désertification rurale et de la concentration de la production agricole en Bretagne ; du déclin de la culture et de la floraison artistique ; de la pollution effrénée et de la protection maniaque de l'environnement. Les Bretons revendiquent avec la même fougue l'ivresse de l'espoir et la violence du désespoir, la bienveillance due aux pauvres et le respect dû aux riches, le rôle de l'opprimé et celui du conquérant.

Il est évident qu'il s'est passé quelque chose. C'est une mutation profonde et obstinée, dont le mouvement paysan est à la fois le révélateur et le moteur.

1- LA REVOLUTION AGROALIMENTAIRE

Après la seconde guerre mondiale, l'objectif était de produire des aliments en masse et à faible coût. Dans les zones rurales, où les exploitations agricoles étaient partagées entre les nombreux enfants, le jeune paysan n'héritait que de quelques arpents d'une terre souvent médiocre. L'alternative était simple : le départ vers la ville ou le développement d'une agriculture intensive, moins dépendante de l'espace et de la qualité du sol.

Une telle agriculture suppose une forte organisation. Au cours des années 50, l'anarchie dans la production et la chute des cours obligèrent les agriculteurs bretons à s'organiser. Cette organisation, qui est devenu un modèle en Europe, est le fait des paysans eux-mêmes, mais ils ne furent pas seuls. Les coopératives, traditionnellement bien implantées en Bretagne, eurent un rôle important. Et il ne faudrait pas oublier le rôle d'hommes d'affaires audacieux, sans fortune ni préjugé.

Pendant la nuit du 7 au 8 juin 1961, des centaines de maraîchers convergèrent vers la ville de Morlaix. Ils venaient manifester contre la chute des cours de l'artichaut, due à la surproduction. Ce n'était pas la première fois. Mais, ce jour-là, ils décidèrent de frapper la sous-préfecture, qui fut proprement mise à sac. Les meneurs, Marcel Léon et Alexis Gourvennec, furent arrêtés dans la soirée.

Les jours suivants, de violentes manifestations ébranlèrent la Bretagne. Les poteaux téléphoniques furent sectionnés, les routes et chemins de fer barrés par les paysans en colère. Plusieurs villes furent bloquées. Le 22 juin, Léon et Gourvennec furent jugés... et acquittés. Dans les campagnes bretonnes, ce fut une explosion de joie.

Les événements de Morlaix n'étaient pas un cri de désespoir. C'était un cri d'impatience. Pendant des années, les maraîchers avaient essayé d'organiser le marché. Désormais, ils demandaient le soutien, ou tout au moins la reconnaissance de leurs efforts, aux pouvoirs publics. La SICA "Marché de ventes aux enchères" avait été créée. La pression des paysans sur les négociants et les pouvoirs publics finit par payer. En 1962, les négociants acceptaient d'acheter les légumes à la SICA, selon le système des enchères hollandaises (l'enchère descend à partir du prix le plus élevé ; le premier acheteur qui appuie sur le bouton en face de lui acquiert la marchandise, au prix signalé).

Les paysans ne se situaient pas uniquement sur un terrain corporatiste. Pour préserver l'avenir de leurs productions, ils réclamaient la construction d'une université à Brest, d'une route rapide entre Brest et Rennes. Ils demandaient aussi la modernisation du réseau téléphonique et la construction d'un port en eau profonde à Roscoff.

En 1972, ils lançaient une compagnie maritime, Brittany Ferries, avec Alexis Gourvennec pour président.

Parallèlement au mouvement paysan, les coopératives bretonnes se développèrent, et devinrent très puissantes. Unicopa et Coopagri-Bretagne sont désormais parmi les plus grandes coopératives agricoles d'Europe.

Les agriculteurs luttaient pour contrôler le marché et organiser la production. Mais, dans l'agriculture moderne, les prix des matières premières sont instables comparés aux prix des produits transformés. Il est beaucoup plus sécurisant, pour un producteur de lait, de vendre sa production à une laiterie qui la transformera en beurre ou en yaourt, plutôt que de la négocier en l'état. Le lait, comme toutes les productions agricoles, gagne en valeur dès lors qu'il est transformé.

Les coopératives bretonnes investirent massivement dans les ateliers de transformation. Elles sont désormais incontournables dans le domaine agroalimentaire.

Certains maillons indispensables des filières de production, l'aliment du bétail par exemple, génèrent trop peu de profits pour intéresser des financiers. Les grandes coopératives, poussés par leurs adhérents, contrôlent désormais des filières complètes par intégration verticale. Ainsi, dans l'industrie porcine, les grandes coopératives comme la Cooperl à Lamballe intègrent autour de l'élevage la construction des bâtiments, l'alimentation animale, la génétique, les abattoirs, les usines de découpe et de transformation.

Il serait inexact de penser que les agriculteurs bretons ont mené seuls la révolution agroalimentaire, par eux-mêmes ou par l'intermédiaire de leurs coopératives. Au cours des années 50, et particulièrement dans le secteur de l'aviculture, beaucoup de ruraux prirent part au développement, même s'ils n'étaient pas tous des paysans. Tel coiffeur possédait un incubateur et produisait les poussins ; tel facteur élevait des poulets ; tel artisan vendait de l'aliment du bétail. Devant cette diversité, quelques hommes d'affaires entreprenants comprirent que la clef de leur succès serait d'introduire une cohésion dans cette activité.

Jean Guyomarc'h fut de ceux-là. Durant les années 50, il organisa l'aviculture locale autour de son usine d'aliment du bétail, à Vannes. En 1965, il inventa et commercialisa avec succès le rôti de dindonneau, sous la marque "Père Dodu". Il construisit un immense abattoir et mis en place un réseau commercial. En 1972, Guyomarc'h acheta et développa une entreprise d'aliments pour chiens, « Royal Canin ». Celle-ci deviendra plus tard le premier producteur européen de croquettes. Dès le début des années 80, le groupe Guyomarc'h s'orienta vers les biotechnologies et les secteurs de pointe: production d'extraits végétaux, d'arômes, d'acides aminés, de probiotiques.

En 1945, la Bretagne était une région économiquement sous-développée. Quarante ans plus tard, elle est devenue le premier bassin d'élevage de l'Hexagone. Elle en produit 55% des porcs, 50% des dindes, 46% des poulets, et 21% du lait.

Ce formidable développement entraîna une concentration des ressources. Les anciennes structures agricoles s'effondrèrent, laissant place à une nouvelle forme d'agriculture, productive et adaptée aux marchés de masse, mais avec des conséquences sociales et écologiques mal maîtrisées. En trente ans, la moitié des exploitations agricoles bretonnes ont disparu. La potabilité de l'eau est menacée.

Cette concentration touche également les industries agroalimentaires. En 1980, la production moyenne des usines laitières bretonnes est de 150 millions de litres de lait par an ; La moyenne française est de 15 millions.

Le phénomène majeur de ces quarante années en Bretagne est l'accumulation en Bretagne d'un capital. Ce capital n'est pas financier ; il manque de flexibilité, dans la mesure où il est investi dans des moyens de production, dans un secteur économique qui génère peu de profit. L'agro-industrie bretonne a pour elle la puissance, mais non pas la prospérité.

La révolution agroalimentaire a provoqué une révolution culturelle. Les normes économiques, sociales et culturelles ont été complètement bouleversées. Il y a quarante ans, le regard du paysan breton ne dépassait guère les limites de sa paroisse. Désormais, il lui faut connaître le prix du soja en Thaïlande, la politique américaine ou les méthodes hollandaises d'élevage porcin. Son horizon est devenu plus vaste et plus concret que celui du citadin, car il est directement concerné par l'actualité mondiale.

La révolution agroalimentaire a créé un nouveau modèle de Breton, un Texan de l'Europe, analogue au Texan américain. Il heurte les préséances économiques, sociales et culturelles.

2- L'INDUSTRIE

Au début du XIXe siècle, la Bretagne possédait encore des industries métallurgiques et textiles. Celles-ci déclinèrent progressivement jusqu'aux années 1950. Durant la première moitié du XXe siècle, l'emploi industriel en Bretagne a baissé de 30%.

Le redressement qui s'est réalisé pendant la deuxième moitié du XXe siècle a été essentiellement dû au développement de l'agroalimentaire, qui contribue à plus du quart des emplois industriels.

Parallèlement à cette dynamique interne, l'industrie bretonne a bénéficié d'une dynamique externe : la volonté de décentraliser la production industrielle, portée par les pouvoirs publics.

L'implantation de nouvelles industries en Bretagne n'a réussi que là où elle a été massive : ce fut le cas des industries électroniques et des communications dans la région de Lannion, et de l'industrie automobile dans la région de Rennes, avec la création de milliers d'emplois dans chacun de ces deux secteurs. La dispersion d'unités industrielles, dans le but de créer des emplois locaux, a été beaucoup moins valable sur le long terme.

3- LES MOUVEMENTS SOCIAUX

Les mouvements sociaux en Bretagne doivent être analysés au regard de l'évolution économique et aussi de l'évolution démographique. Ils ne peuvent être considérés comme mineurs ou incongrus par rapport à l'évolution économique. Ils ont visé à partager une richesse dont l'accumulation devenait visible, à la contrôler ou à en combattre les conséquences néfastes.

De 1860 à 1960, la Bretagne a perdu plus d'un million d'habitants, soit le quart de sa population. Cet exode se stabilisa dans les années 60, et la population bretonne remonta de 3,13 millions en 1958 pour atteindre 4 millions en 1995[20].

Le phénomène ouvrier le plus important de la période est la grève qui éclata en 1972 à Saint-Brieuc, à l'usine du Joint Français. Les ouvriers spécialisés (non-qualifiés), soutenus par les syndicats, réclamèrent une augmentation de salaires et se mirent en grève le 14 février. L'ensemble des employés de l'usine suivit le mouvement, soutenus par le conseil municipal, les partis de gauche, et des membres du clergé. Des collectes d'argent furent organisées partout en Bretagne ; les syndicats agricoles offrirent aux grévistes du lait,

[20] Chiffres pour la Bretagne historique, incluant le département de Loire-Atlantique.

du beurre et des légumes. Les manifestations de soutien paralysèrent les villes bretonnes. Un accord fut finalement conclu le 6 mai 1972. Ce mouvement a été soutenu par la population en tant que grève hautement symbolique de travailleurs bretons face à un patronat français, et non pas seulement comme une revendication ouvrière.

Le peuple breton se mobilisa pour une autre cause, de 1979 à 1981. Ce fut en opposition à l'implantation d'une centrale nucléaire à pointe du Raz. Plogoff est un village situé près de la mer, à l'extrême ouest de la Bretagne, non loin de Quimper et de Douarnenez. Le mouvement contre l'implantation d'une centrale nucléaire sur leur commune a été mené par les habitants eux-mêmes, rassemblés autour de leur maire, Jean Marie Kerloc'h. Ils étaient soutenus par les écologistes, les syndicats, les partis politiques, et de nombreuses associations de toutes sortes. De même que lors de la grève du Joint Français, le soutien aux habitants de Plogoff fut massif au sein de la population bretonne, et inexplicable par la seule adhésion à une conviction antinucléaire. Il y eut des manifestations de dizaines de milliers de personnes. Au rassemblement de Pentecôte de 1980, il y eut 150 000 participants sur le site de la Baie des Trépassés. Le projet d'implantation fut abandonné en 1981, lorsque François Mitterrand fut élu Président de la République.

4 - L'HISTOIRE CULTURELLE

Pendant la seconde moitié du XXe siècle, la Bretagne a connu un développement culturel exceptionnel, dans un contexte européen de prolifération des médias. La censure est devenue difficile, et semble désormais obsolète. Le consommateur lui-même, bien plus que les autorités publiques, contrôle sa propre consommation culturelle. Bien sûr il y a toujours l'influence des modes, des traditions, des idées préconçues et des grands médias. Mais désormais la culture bretonne n'est plus une forteresse assiégée. Elle a rejoint cette profusion ; elle est devenue une valeur que l'on doit promouvoir et non plus défendre.

En 1941, Roparz Hemon avait unifié l'orthographe bretonne. Toutefois, cette graphie ne fut pas acceptée par tous. En 1955, François Falc'hun mit au point une autre graphie, appelée orthographe universitaire. La différence entre les deux est illustrée par les deux manières d'écrire le mot "Bretagne" : "Breizh" dans l'orthographe unifiée, et "Breiz" dans l'orthographe universitaire. Aujourd'hui, la plupart des cours et des livres en breton, surtout les livres pour enfants, sont dispensés ou écrits en orthographe unifiée.

Après la guerre, la défense de la langue bretonne fut assumée par les associations culturelles, rassemblées au sein de deux fédérations : *Kuzul Ar Brezhoneg* (le Comité de la langue bretonne) et *Emgleo Breiz* (l'Entente de Bretagne). Au cours des années 60, de nouvelles associations et de nouvelles idées fleurirent. *Preder* (Réfléchir) s'efforça de créer des mots nouveaux, adaptés à de nouveaux sujets : la vie moderne, mais aussi la psychanalyse, la biologie ou la chimie. Au cours des années 70, de nouvelles méthodes d'apprentissage au breton apparurent. En 1979, l'association *Skol An Emsav* (l'École du réveil) offrait à elle seule 150 cours de breton gratuits, dans toute la Bretagne.

Pendant les années 80, une nouvelle revendication émergea : le breton devait être langue officielle en Bretagne. La signalisation routière en français fut systématiquement maculée ou détruite : pendant la seule année 1984, 10 000 panneaux furent ainsi noircis ou rendus inutilisables. Ici et là, une nouvelle signalisation bilingue est désormais mise en place, par les municipalités ou les services de l'Equipement.

Un grand pas en avant pour la langue bretonne fut accompli par les écoles *Diwan* ("le germe"). Une première classe maternelle fut créée en 1977 à Ploudalmézeau, au nord-ouest de la Bretagne. Trois ans plus tard, 13 écoles maternelles avaient germées et l'association Diwan décidait de créer des écoles primaires. Les enfants grandirent, et la première école secondaire apparut 8 ans plus tard, en 1988.

Pour satisfaire les besoins pédagogiques, des centaines de brittophones travaillent à la production de livres et de matériel d'enseignement. D'autres collectent des fonds, organisent des rassemblements, négocient avec les autorités pour trouver des locaux et des aides, et pour obtenir un statut au niveau local comme au niveau français.

La littérature bretonne, en breton et en français, est devenue très dynamique. Depuis la fin des années 80, près de 600 ouvrages sont édités chaque année en Bretagne. Si l'on y ajoute les livres écrits par des auteurs bretons et publiés ailleurs, on peut se faire une idée de la vigueur littéraire des Bretons.

Durant les années 50 et 60, les publications en langue bretonne étaient rares : trois ouvrages en moyenne par an. La production a augmenté et, de 1984 à 1988, 185 ouvrages en breton ont été officiellement enregistrés. 30% sont des ouvrages didactiques ; 20% sont des ouvrages pour la jeunesse ; 20% sont des nouvelles, des autobiographies et des romans. Ceci montre clairement les préoccupations des écrivains bretonnants : l'enseignement, la consolidation linguistique, et la satisfaction des jeunes lecteurs.

La littérature en français est également très active. L'œuvre la plus connue datant de cette période est *"Le Cheval d'Orgueil"*, de Per-Jakez Helias. Le livre, publié en 1973, a connu un succès international.

Cette floraison littéraire suscite une nouvelle approche de la culture bretonne. Sans jouer sur les paradoxes, on peut dire que cette littérature est pré-classique. Les formes linguistiques en sont très riches, mais insuffisamment maîtrisées. L'imagination y est débordante, mais tombe parfois dans la farce grossière. Elle a l'obsession continuelle de son identité. Il n'émerge pas un grand style, mais une riche inspiration à la recherche de force et de consistance.

Après la guerre, la musique bretonne semblait agonisante. Les chansons en breton empruntaient leurs mélodies aux musiques galloise, irlandaise ou écossaise. Les chansons folkloriques en français du début du siècle restaient les seules chansons populaires.

Au cours des années 60, la tradition musicale fut complètement renouvelée. Le barde Glenmor composa des chansons engagées, baignées d'une nouvelle poésie. Les chanteurs et les poètes contestataires lui succédèrent. Gilles Servat apporta un nouveau souffle et un mélange personnel de rêveries et d'images fortes.

Jusque là, l'harmonisation était restée sommaire. C'est alors que des groupes de musiciens dotés d'une

solide culture musicale apparurent. Ils étaient les pré-
curseurs d'un mouvement qui, mené par Alan Stivell,
allait transformer le concept même de musique bretonne.

Alan Stivell plongea les mélodies bretonnes dans
le flot international de la musique folk. La musique
bretonne gagna immédiatement de nouveaux adeptes, et se frotta à de nouvelles influences : rock, jazz,
blues, musique irlandaise. Alan Stivell introduisit, en
plus d'une nouvelle et riche harmonisation, un ancien
instrument oublié, la harpe celtique. Il composa des
mélodies, mais également une Symphonie Celtique
(1980).

Avec la musique, la mode des danses bretonnes
est probablement le phénomène le plus visible du
renouveau de la culture bretonne. Jusqu'aux années
soixante, les danses traditionnelles étaient restées con-
fidentielles. De nouveaux orchestres, mélangeant airs
traditionnels et instruments modernes, apportèrent
un nouveau dynamisme, et drainèrent les jeunes vers
les festoù noz (fêtes de nuit). *Diaouled Ar Menez* (les
Diables de la Montagne) et *Sonerien Du* (les Musiciens
Noirs) ont été les groupes musicaux les plus populaires
au cours des années 70 et 80.

Plusieurs danses, qui n'étaient autrefois connues
que dans des terroirs limités, sont désormais dansées
dans toute la Bretagne.

5- L'HISTOIRE POLITIQUE

Une histoire politique bretonne, différente de
l'histoire politique provinciale de la France, n'existe

que par ceux qui, en Bretagne, refusèrent d'être des provinciaux. En ce domaine, la seconde moitié du XXᵉ siècle est une période d'effervescence. Néanmoins, il n'émerge aucune organisation, aucun événement, aucune idée-force qui aurait marqué le pays. Plus qu'un nom ou une date, ce qu'il faut retenir est la permanence d'un débat, souvent vif, parfois confus, pimenté d'une agitation quasiment expérimentale.

Pour comprendre le mouvement politique breton contemporain, il est nécessaire de garder à l'esprit trois facteurs : les conséquences de la seconde guerre mondiale, le Code pénal, et le développement de la Communauté européenne.

Après guerre, les gouvernements français successifs ont puisé leur légitimité dans la résistance française à l'occupation allemande. Il en ressortait l'idée que le patriotisme français était intimement lié au combat pour la liberté et les droits de l'homme. L'esprit et les mythes de la Résistance ont permis à la société française contemporaine de se définir positivement, à l'intérieur comme à l'extérieur. Dans de telles conditions, le nationalisme breton ne pouvait assumer son passé qu'avec beaucoup de difficultés, pour ne pas sombrer dans l'amalgame honteux ou à l'inverse dans le conformisme le plus servile.

La loi française, par l'article 88 du code pénal, (aujourd'hui livre 4, chapitre 2) condamne toute attaque, quel que soit le moyen utilisé, contre l'intégrité du territoire français. N'importe quel journal, n'importe quelle déclaration nationaliste peut être réprimée légalement. Cette menace, qui n'a jamais été mise à exécution depuis 1950, a souvent conduit les mouvements politiques bretons à l'ambiguïté, au double langage, aux frontières de la schizophrénie.

Le développement de la Communauté Européenne a, à l'inverse, joué un rôle extrêmement positif sur la politique bretonne. Les Bretons se sont rendus compte qu'ils pouvaient être écoutés et compris par des députés catalans, flamands, gallois ou irlandais. La juridiction française est apparue alors, non comme un modèle moderne et universel, mais comme une étape, et sans doute un obstacle, vers un avenir européen pour la Bretagne.

Avant de décrire le bouillonnement de la politique bretonne, il importe de définir rapidement les termes utilisés, et les logiques qui, dans l'arène, s'affrontent et s'entremêlent. Nous allons les définir à partir de deux prémisses : la souveraineté et la spécificité.

Le **régionalisme** revendique des pouvoirs pour la région. Ces pouvoirs ne sont pas souverains ; la souveraineté réside au niveau de l'État central. Ces pouvoirs ne sont pas non plus spécifiques à une région déterminée ; toutes les régions en détiennent les mêmes. Dans une région, le régionalisme est un mouvement de protestation ; les réformes qu'il réclame ne peuvent être mises en place que par le pouvoir central.

Le **fédéralisme** revendique lui aussi un partage des pouvoirs entre le centre et les unités qui composent l'ensemble. Toutefois la légitimité, la souveraineté originelle est revendiquée par les unités fédérées. La délégation de souveraineté à l'institution fédérale peut être remise en question (confédération) ou non. Dans une fédération, les liens ne sont pas spécifiques ; ils sont les mêmes pour toutes les unités fédérées.

L'autonomisme revendique pour la région des

pouvoirs non souverains. Toutefois, les pouvoirs qu'il réclame sont spécifiques. Contrairement au régionalisme ou au fédéralisme, l'autonomisme revendique un droit particulier, et non un droit commun. Le mouvement autonomiste est un mouvement protestataire, dans la mesure où les réformes qu'il réclame ne peuvent être réalisées que par le pouvoir central. Mais c'est également un mouvement constructif. Il définit où est la spécificité et il contribue à la mise en place des mesures spécifiques.

L'indépendantisme (ou séparatisme) revendique un pouvoir souverain. Ce pouvoir est par essence non hiérarchique et spécifique par rapport à tout autre pouvoir souverain. Pour les Bretons, il est possible d'imaginer une indépendance bretonne. Pour les Français, il est beaucoup plus difficile de concevoir une identité française actuelle sans la Bretagne.

Le régionalisme breton contemporain est illustré par l'action du *CELIB* (Comité d'Etudes et de Liaisons des Intérêts bretons). Ce comité fut créé en 1950, et rassemblait des élus de divers horizons, des chefs d'entreprises, des syndicalistes, des intellectuels. Il fonctionnait comme un lobby, et également comme une force de propositions. Dirigé par Joseph Martray et René Pléven, qui fut ministre avant et après la guerre, le CELIB dessina les plans d'une Bretagne moderne. Il fut très actif entre 1950 et 1964. La cinquième République utilisa les idées du CELIB pour réaliser sa régionalisation. De ce fait, le CELIB fut progressivement intégré dans les schémas français, et perdit son rôle d'avant-garde. Au cours des années 70, les régionalistes bretons se tournèrent vers le pouvoir européen, afin d'y promouvoir les intérêts de la Bretagne.

Le régionalisme breton se structure aussi autour d'une revendication : une région administrative en harmonie avec l'Histoire, l'avenir en cohérence avec le passé. Le décret Pétain du 30 juin 1941 avait constitué des unités régionales aux contours arbitraires. Ainsi le pays nantais et l'ancienne capitale bretonne avaient été exclus de la région Bretagne. La continuité de l'État français, dans ses intentions et dans ses choix, prive la Bretagne, sous la Ve République, de son intégrité territoriale. La revendication d'une région Bretagne rétablie dans ses limites historiques est une des revendications les plus constantes et les mieux partagées de ce que l'on nomme le Mouvement breton.

A la différence du régionalisme, le fédéralisme breton n'est pas représenté par une organisation mais par des hommes et des femmes qui ont inspiré et parfois incarné la politique bretonne. Le plus connu de tous est Yann Fouéré, et le fédéralisme breton s'est cristallisé dans ses actes et ses idées.

L'UFCE (Union Fédéraliste des Communautés Européennes) fut créée en 1949, à l'initiative en particulier de militants fédéralistes bretons. Cette organisation poursuit encore son objectif de promotion d'une Europe fédérale, en opposition avec les États-nations. En 1957 fut créé le *MOB* (Mouvement pour l'Organisation de la Bretagne), par Yann Fouéré et ses amis. Le MOB revendiquait la promotion des intérêts politiques bretons, de la même façon que le CELIB revendiquait la promotion des intérêts économiques. Le MOB, miné par les querelles idéologiques, disparut en 1968. Cette même année, Yann Fouéré publia son livre le plus achevé sur le fédéralisme, "l'Europe aux cent drapeaux".

Il avait lancé en 1960 le journal "L'avenir de la Bretagne". Au début des années 70, la publication en fut reprise par un nouveau parti fédéraliste, Strollad Ar Vro (le Parti du Pays). Au cours des années 80, après la disparition de Strollad Ar Vro, "L'avenir de la Bretagne" devint l'organe du POBL (Parti pour l'Organisation d'une Bretagne Libre).

Le mouvement autonomiste breton d'après-guerre est incarné par un parti, l'*UDB* (Union Démocratique Bretonne). Il fut créé en 1964 par les jeunes militants de gauche du MOB. Impressionnés par la défaite française en Algérie, ils virent dans l'idéologie socialiste le meilleur outil pour l'émancipation d'un peuple. Ils lancèrent le journal "Le peuple breton", et se firent élire dans plusieurs conseils municipaux au cours des années 70. En 1981, le gouvernement français devint socialiste. L'UDB, trop liée au Parti socialiste, ne put développer une politique offensive.

L'organisation politique bretonne la plus connue à cette époque est le FLB (Front de Libération de la Bretagne). De 1966 aux années 80, les activistes du FLB posèrent des centaines de bombes, qui attirèrent l'attention des Bretons, des Français, et même de l'opinion internationale, sur la question bretonne. Ces attentats n'ont provoqué aucune panique, aucune terreur ; les cibles étaient des symboles du pouvoir français. Les deux uniques victimes humaines du FLB pendant cette période ont été deux jeunes militants tués par leur propre bombe : Yann-Kel Kernaleguen en 1976, et Christian Le Bihan en 1985.

Si les attentats du FLB ne furent pas terrifiants, certains d'entre eux furent très spectaculaires. Citons celui contre la caserne des Compagnies Républicaines de Sécurité (CRS) à Saint Brieuc, en 1968. Citons aussi la destruction du pylône de télévision de Roc'h Tredudon, en 1974, qui priva une grande partie de la Bretagne de programmes télévisés pendant plusieurs semaines. En 1978, une bombe bretonne explosa dans le château de Versailles, joyau de la civilisation française.

L'expression politique du FLB ne se stabilisa vraiment qu'en 1983, date de création du parti *Emgann* (Combat). Le déclin des activités du FLB au cours des années 80 et les positions gauchistes de Emgann ont contribué à restreindre fortement leur influence.

Le séparatisme ne fut pas seulement un mouvement clandestin. Après la deuxième guerre mondiale, il était très difficile de s'affirmer indépendantiste, tellement le patriotisme français était identifié à la démocratie, et à la victoire. Les anciennes idées réapparurent dans les troubles de 1968. Les idées libertaires secouèrent les dogmes de souveraineté, et en Bretagne les dogmes de la souveraineté française. Des groupes idéologiquement incontrôlables émergèrent. Ils parlaient et agissaient sans préjugé ; et les vieux fantômes ressurgirent.

En 1977 apparut le premier insoumis nationaliste à l'armée. A sa suite, entre 1977 et 1982, dix jeunes Bretons refusèrent de porter l'uniforme français et de servir la France, parce qu'ils se considéraient bretons et non français. Ils furent condamnés à des peines variées, allant de 4 à 24 mois.

Au même moment, le premier parti ouvertement séparatiste, *Strollad Pobl Vreizh* (Parti du peuple breton) se forma. Les militants menèrent une activité trépidante et imaginative : Ils envahirent des casernes, cadenassèrent les portes d'immeubles militaires, manifestèrent à Plogoff contre la centrale nucléaire, s'enchaînèrent à un député socialiste, etc... Leur journal, *Douar Breizh / République Bretonne*, parut entre 1980 et 1982. SPV s'est dissout en 1983.

L'idée d'un pouvoir breton, qui était quarante ans plus tôt considérée comme dangereuse, démoniaque, et de toute façon illégale, s'est banalisée. Avec l'émergence d'un pouvoir économique en Bretagne, l'accompagnement par un pouvoir politique spécifique est devenu inévitable.

Dans le tourbillon de la mondialisation (1986 – ...)

1990	*Réunification allemande*
1991	*Fin de l'Union Soviétique*
	Première guerre du Golfe des USA contre l'Irak
1995	*Création de l'Organisation Mondiale du Commerce (OMC), en clôture de l'Uruguay Round*
Années 90	*Indépendances des pays ex-soviétiques. Eclatement de la Yougoslavie et de la Tchécoslovaquie.*
2001	*Terrorisme islamiste. 11 septembre : Destruction des twin towers de NewYork par Al Qaïda.*
2003	*Début de la deuxième guerre d'Irak*
Années 2000	*Emergence de nouvelles forces économiques mondiales : Inde, Brésil, Chine.*

Europe

1992	*Le Traité de Maastricht prépare l'Union Européenne. Création du marché unique.*
2002	*Mise en circulation de l'euro, monnaie unique, dans 12 pays.*
2004	*L'Union Européenne compte 25 États membres*

France

1988	*Nouvelle-Calédonie : Accords de Matignon, après plusieurs années d'agitation nationaliste.*
1989	*assassinat du leader indépendantiste Jean-Marie Tjibaou. 1998 : Accord de Nouméa.*
1991	*La Corse obtient un statut spécial de collectivité territoriale.*
2002	*Le leader de la droite nationaliste française, Jean-Marie Le Pen, est présent au deuxième tour des élections présidentielles.*

Pays celtiques

Années 90	*Décollage économique de la République d'Irlande qui attire les entreprises étrangères (le pays est anglophone, situé dans la zone euro, et taxe faiblement les bénéfices).*
	Irlande du Nord : Processus de paix.
1998	*Irlande : accords du Vendredi saint.*
1999	*Ecosse : Création d'un parlement autonome, avec pouvoirs législatifs et fiscaux.*
	Pays de Galles : Création d'un parlement autonome, sans pouvoir législatif.

L'intervalle qui part de 1986 jusqu'à nos jours ne peut être considéré comme une phase historique entière ; nous n'en avons pas la conclusion.

Le pouvoir soviétique s'effondre. Avec cet effondrement se perd aussi en Europe de l'Ouest la référence au monde ouvrier. En France, les oppositions traditionnelles se maintiennent vaille que vaille, mais s'orientent vers de nouvelles valeurs-refuges, l'entreprise créatrice à droite, les services publics à gauche. Le libéralisme est à la fois triomphant et décrié.

Un phénomène de grande ampleur balaye la planète, qui a pour nom *mondialisation*. On dit aussi *globalisation*, pour signifier, non pas le dialogue international ou interculturel, mais l'échange par-dessus les frontières d'actifs financiers ou économiques.

Les accords économiques internationaux, qui ont surtout visé jusque-là à abaisser les tarifs douaniers, se donnent de nouvelles ambitions : la réglementation du commerce mondial et des rapports marchands. L'Uruguay Round, qui débute en 1986, libéralise le commerce mondial des produits agricoles et des services, ouvrant ainsi une brèche dans les équilibres fondamentaux des territoires. A l'issue de ce cycle de négociations sera créée l'Organisation Mondiale du Commerce (OMC).

L'internationalisation de l'économie et de la politique passe aussi par les progrès de la construction européenne. Le marché unique, et l'Union Européenne qui remplace la Communauté Economique, sont créés par le Traité de Maastricht en 1992. En 2002 est mise en circulation dans douze pays la monnaie unique, l'euro.

Le « modèle breton », qui a façonné la phase historique précédente, s'essouffle. Freiné par l'émergence de nouveaux concurrents, par les nécessités écologiques, par les contraintes réglementaires, soumis aux pressions des médias et à l'imaginaire urbain concernant la paysannerie, malmené par les scandales dus aux mauvaises pratiques, l'agriculture productive fait profil bas.

Le modèle breton était un modèle agricole. Or, depuis le milieu des années 80, la production agroalimentaire n'est plus une force sociale motrice. Elle est devenue une composante de la santé publique. La mutation est donc nécessaire. L'agroalimentaire doit se transformer. La branche non alimentaire de l'agriculture (textiles, biocarburants, tourisme) doit s'affirmer.

Les grands groupes agroalimentaires bretons élaborent des stratégies qui influent sur l'histoire économique et sociale de la Bretagne, et sur l'émergence d'un nouveau modèle de développement. Mais ils ne dominent pas l'économie bretonne. Celle-ci reste majoritairement composée d'un tissu de petites et moyennes entreprises. Ces entreprises s'adressent en majorité à une clientèle locale ; une bonne partie des autres sont amarrées au territoire par leurs implications de l'univers agricole. Cette situation, en y ajoutant la tradition mutualiste, tempère les effets néfastes de la mondialisation, dus en particulier à la mobilité des entreprises et des capitaux. La Bretagne est une des seules régions de l'Hexagone où l'emploi industriel a continué à progresser de 1980 à 2005.

Parallèlement à la mondialisation des comportements de consommation, il apparaît une bretonnisation des objets de consommation. Des marques de vêtements pour les jeunes, des bières ou des colas revendiquent leur identité bretonne et émergent sur le marché. Les entreprises plus traditionnelles ou plus grandes arborent le macaron « *Produit en Bretagne* ». Les supermarchés offrent des linéaires de produits bretons ou balisent leurs allées en français et en langue bretonne. Les distributeurs bancaires proposent de retirer de l'argent en utilisant le breton. Sur les voitures, l'identité bretonne est signifiée par « BZH », le drapeau breton ou des entrelacs celtiques.

C'est dans ce contexte que s'est développé à partir de 1994 l'Institut de Locarn. L'Institut réunit des entrepreneurs bretons qui s'efforcent de susciter une dynamique économique autonome, qui soit aussi une dynamique territoriale pour la Bretagne historique.

En ce qui concerne la démographie, après l'exode rural de la première moitié du XXᵉ siècle, puis la stabilisation des années 60, la progression se confirme. La population bretonne a augmenté plus vite que la population française. Ce dynamisme n'est pas dû aux naissances mais à un phénomène de migration. La Bretagne est devenue attractive. Le solde migratoire est positif sauf pour la tranche 20-29 ans, ce qui est le cas de toutes les régions françaises hors Ile-de-France. L'essentiel de la progression démographique s'est réalisé dans les communes de moins de 10 000 habitants, y compris loin des grands centres urbains. L'immigration reste très majoritairement française, mais on assiste à une immigration rurale anglo-saxonne qui vient combler les vides démographiques, en particulier dans le centre Bretagne.

Dans les domaines culturels et politiques, les stratégies fondées sur la contestation deviennent inopérantes. Les expériences réussies ont en commun un esprit d'affirmation. Celui-ci n'a plus le goût de revanche qui accompagnait les grandes réalisations de la période antérieure.

L'histoire culturelle de la période est contrastée. Le nombre de bretonnants s'est réduit à 300 000 personnes au début des années 2000, soit 8% de la population de la Bretagne historique. Le déclin du nombre de locuteurs n'est pas compensé par la transmission ou l'apprentissage, malgré la grande vitalité d'anciennes ou de nouvelles institutions comme *Ofis ar Brezhoneg*, ou par les filières d'enseignement bilingue. L'ensemble des enfants scolarisés en breton dans l'éducation publique, les écoles catholiques et Diwan est de 9668 élèves à la rentrée 2004. En 1990, l'effectif dépassait à peine 1000 élèves et en 2000 il était de 6552.

La pédagogie par immersion prônée par Diwan peine à s'imposer. Après différents accords provisoires avec les pouvoirs publics, Diwan s'installe dans le « contrat d'association » à partir de 1994. L'association essaye d'en sortir en négociant en 2001 un passage sous statut public, mais sans succès.

Le dynamisme musical de la période précédente se

maintient, avec des périodes d'éclipse et de renouveau. Après la luxuriance des années 70, il s'opère au cours des années 80 un retour vers un style épuré, presque austère. Les chansons engagées perdent leurs angles et leurs excès. Les chanteurs les plus représentatifs sont désormais Yann-Fanch Kemener, Erik Marchand, Denez Prigent. Ils puisent dans la tradition les paroles, les thèmes ou les modes musicaux.

Les oeuvres deviennent moins sensuelles, mais plus ambitieuses. Job An Irien écrit et René Abjean compose *Kan ar Peoc'h*, Cantate pour la Paix (1989). Christian Desbordes compose la *Passion Celtique* (1991), Didier Squiban la *Symphonie Bretagne* (2000) puis la *Symphonie Iroise* (2004).

L'ambition se révèle aussi dans la dimension des spectacles, qui drainent des dizaines de milliers de spectateurs. Le Festival interceltique de Lorient, créé en 1971, devient le plus grand festival de l'Hexagone. Sa direction organise la première Nuit Celtique au stade de France à Paris en 2002, puis Celtica au stade de la Beaujoire à Nantes en 2004. L'association An Tourtan organise le premier cyber fest-noz en 1999. Le grand spectacle *L'Héritage des Celtes* de Dan Ar Bras connaît un immense succès populaire entre 1993 et 1998.

En ce qui concerne les nouveaux médias, cette dernière période est une période d'expérimentation et d'improvisation. TV Breizh, lancée en septembre 2000, après avoir affiché une orientation forte sur la Bretagne, se retranche sur des positions plus généralistes. Des sites et des forums bretons sur Internet se développent, sans que l'on puisse y voir encore le germe de médias influents.

L'histoire politique bretonne à partir de 1986 pré-

sente tous les caractères d'une période de transition.
La fin de l'empire soviétique a purgé la politique de
bien des préjugés idéologiques. La construction européenne, et en particulier la monnaie unique, conduit
à envisager la souveraineté nationale, française ou
bretonne, avec un autre regard.

Le repli sur les valeurs de la république française
connaît un renouveau et crée de nouvelles lignes de
rupture à gauche comme à droite de l'échiquier politique. La Constitution devient une valeur-refuge, alors
que s'installe une défiance envers le mondialisme, portée par la nostalgie de l'État fort et de la citoyenneté
normative. Les communautés culturelles, linguistiques
et religieuses, régionales ou transnationales, sont res-
senties comme une menace.

Dans un tel contexte, le mouvement breton s'est
modifié. Ancré à gauche depuis les années soixante,
il révèle désormais de nouvelles sensibilités. Le mouvement *Adsav !* (« Relève toi ! »), né en 2000, exprime
les convictions d'une droite nationaliste antilibérale. Le
Parti Breton, lancé en 2001, s'efforce de construire
un nationalisme libéral, de tendance social-démocrate.
L'Union Démocratique Bretonne (UDB) a perdu ses
rugosités idéologiques.

La revendication bretonne est secouée par des
événements qui semblent appartenir aux périodes précédentes. Les trois affaires principales qui ébranlent le
monde politique breton pendant ces années sont l'affaire de Plévin, la polémique autour de Roparz Hemon
et le drame de Quévert.

Les trois affaires s'entremêlent. En 1999, l'administration française s'enlise dans l'affaire des paillotes
corses, où des gendarmes français ont été surpris à

incendier un restaurant de plage sur ordre d'un préfet. Par ailleurs, les mouvements laïcs et souverainistes font campagne avec succès contre la charte européenne des langues régionales et minoritaires. Le 28 septembre, à Plévin près de Carhaix, un commando vole plusieurs tonnes d'explosifs. Les auteurs basques de cette opération et leurs complices bretons présumés sont rapidement identifiés et poursuivis. Cependant, plusieurs attentats, en Bretagne et au pays Basque, suscitent l'inquiétude sur les nouveaux moyens des activistes.

Au même moment, plusieurs ouvrages paraissent coup sur coup pour stigmatiser l'attitude des nationalistes bretons pendant la guerre 39-45. L'agitation se concentre sur les collusions du linguiste Roparz Hemon avec les Allemands. Le collège Diwan du Relecq-Kerhuon, *Skolaj Roparzh Hemon*, sera débaptisé sur pression des responsables politiques de la région brestoise.

Le 19 avril 2000, une bombe attribuée (sans preuve et sans revendication) à l'ARB (Armée Révolutionnaire Bretonne) tue une employée du restaurant Mac Donald de Quévert, près de Dinan. La presse française centrale se déchaîne, amalgamant revendications culturelles et politiques, terrorisme, fascisme. Le « mouvement breton », considéré comme un ensemble homogène et collectivement responsable, est mis en accusation. Heureusement, la presse régionale réagit pour faire baisser la tension médiatique et renvoyer les donneurs de leçons parisiens à leurs traditions d'arrogance.

Tout le monde n'en sort pas indemne. Onze militants bretons sont emprisonnés entre 1999 et 2001 pour terrorisme, et ne seront jugés qu'en 2004. Ils seront tous écartés du dossier de Quévert lors du procès de 2005. Gaël Roblin, porte-parole du mouvement politique Emgann, aura effectué près de quatre ans de détention provisoire.

Ces affaires n'ont pas empêché la progression des élèves scolarisés dans les filières bretonnantes, ni l'épanouissement culturel de se poursuivre. Elles n'ont pas empêché les autonomistes bretons d'avoir des élus pour la première fois au Conseil Régional, grâce à une habile stratégie d'alliances. Elles n'ont pas non plus empêché le Conseil Régional et d'autres institutions bretonnes d'exprimer des fortes ambitions spécifiques, économiques et culturelles.

Conclusion illustrée

Pour bien comprendre le défi breton dans son volet politique, qui n'est pas le seul, il importe de comprendre le souci français. Le défi historique breton est de construire, dans la péninsule armoricaine, un pouvoir politique pour une nation bretonne qui a donné la preuve de sa permanence. Le souci historique français est à l'inverse : c'est la construction d'une nation française qui soit une et indivisible, malgré les limites instables de son pouvoir d'État.

Voici, en quelques planches, l'histoire des frontières françaises. Elles ne peuvent, à elles seules, rendre compte des efforts pour définir la France, définitions remises en cause continuellement par l'intégration ou l'exclusion de peuples et de nations. L'identité française oscille entre l'euphorie liée à la richesse et à la diversité, et l'angoisse que cette diversité ne soit le moteur du démembrement.

Il est finalement plus simple d'être breton que français.

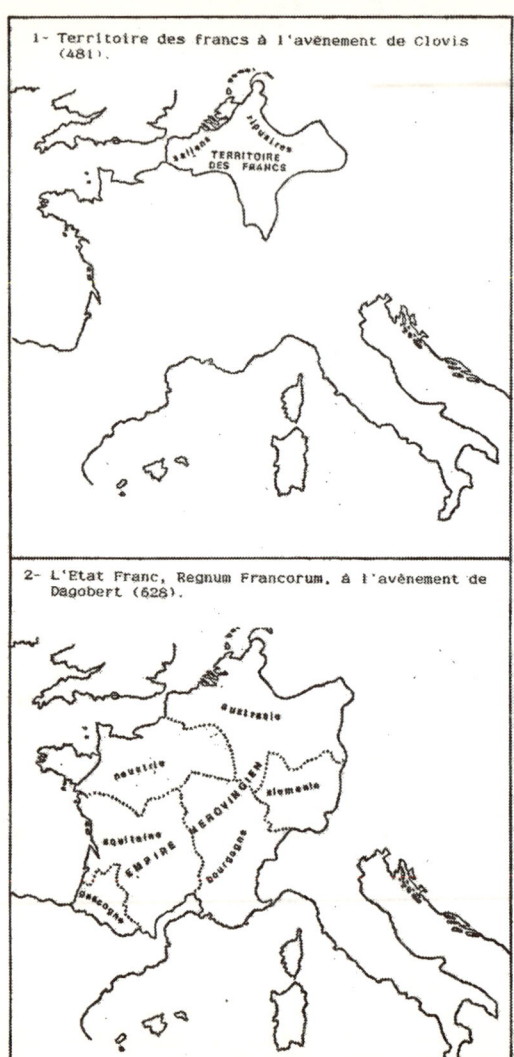

1- Territoire des francs à l'avènement de Clovis (481).

2- L'Etat Franc, Regnum Francorum, à l'avènement de Dagobert (628).

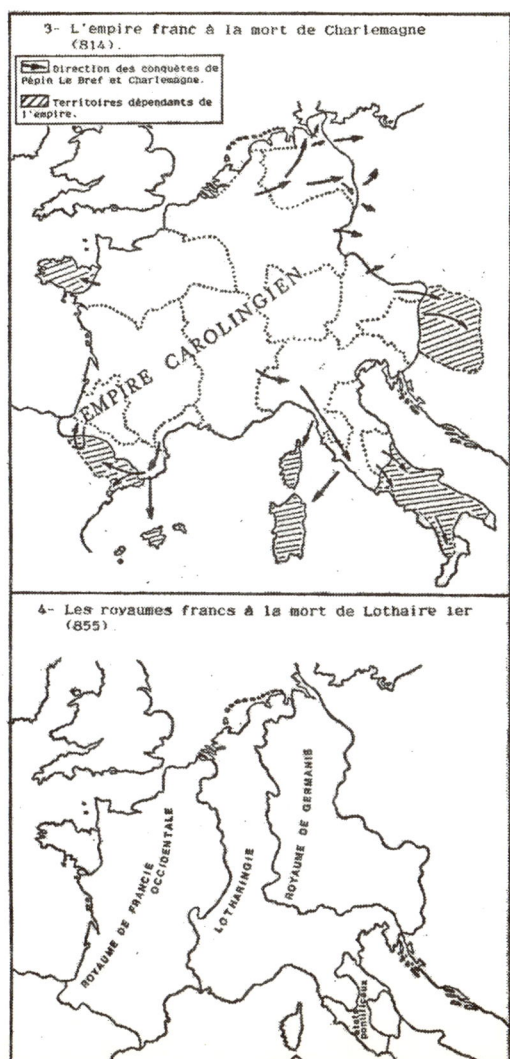

3- L'empire franc à la mort de Charlemagne (814).

Direction des conquêtes de Pépin Le Bref et Charlemagne.

Territoires dépendants de l'empire.

EMPIRE CAROLINGIEN

4- Les royaumes francs à la mort de Lothaire 1er (855)

ROYAUME DE FRANCIE OCCIDENTALE

LOTHARINGIE

ROYAUME DE GERMANIE

ÉTATS PONTIFICAUX

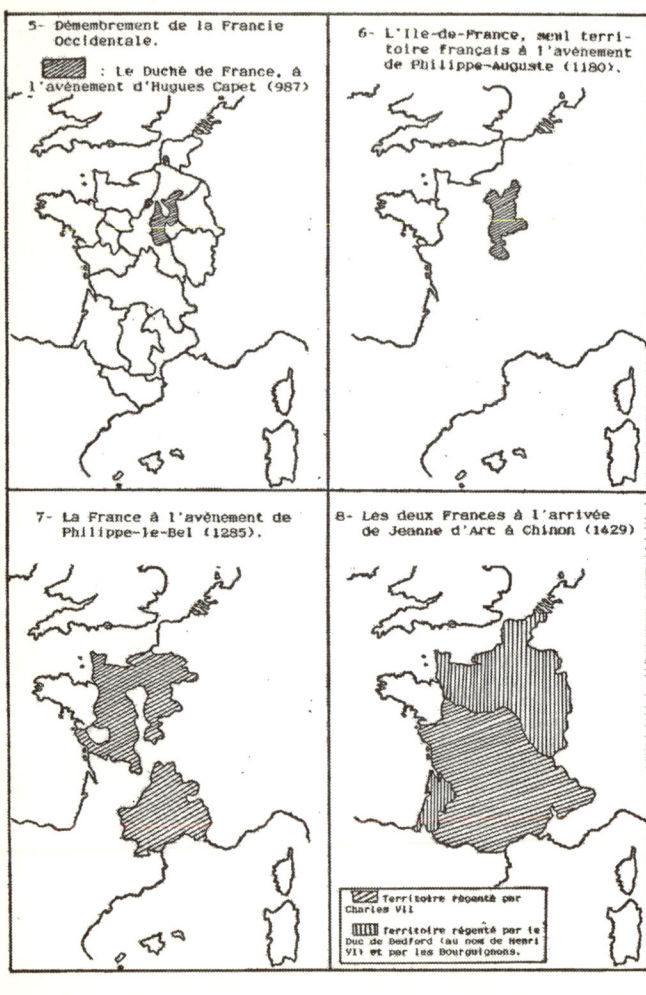

5- Démembrement de la Francie Occidentale.

▨ : Le Duché de France, à l'avènement d'Hugues Capet (987)

6- L'Ile-de-France, seul territoire français à l'avènement de Philippe-Auguste (1180).

7- La France à l'avènement de Philippe-le-Bel (1285).

8- Les deux Frances à l'arrivée de Jeanne d'Arc à Chinon (1429)

▨ Territoire régenté par Charles VII

▥ Territoire régenté par le Duc de Bedford (au nom de Henri VI) et par les Bourguignons.

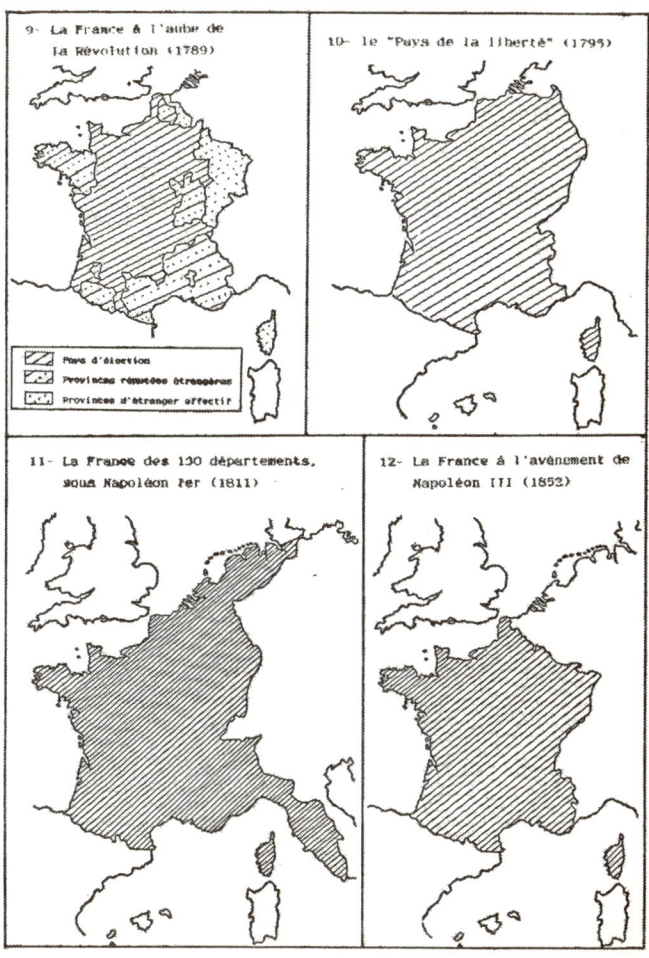

9- La France à l'aube de la Révolution (1789)

10- le "Pays de la liberté" (1795)

Pays d'élection

Provinces réputées étrangères

Provinces d'étranger effectif

11- La France des 130 départements, sous Napoléon Ier (1811)

12- La France à l'avènement de Napoléon III (1852)

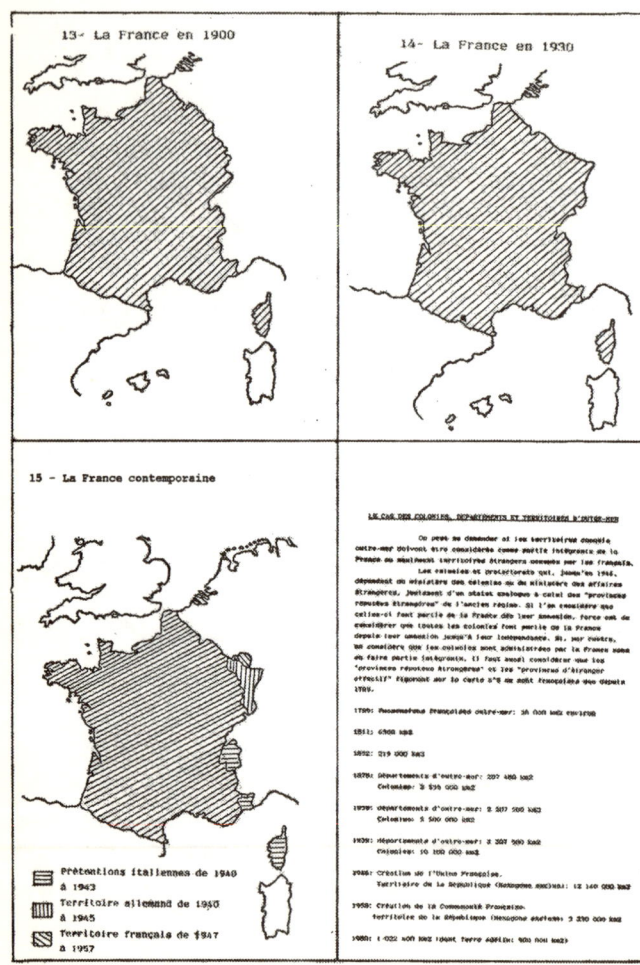

13- La France en 1900

14- La France en 1930

15 - La France contemporaine

Prétentions italiennes de 1940 à 1943

Territoire allemand de 1940 à 1945

Territoire français de 1947 à 1957

LE CAS DES COLONIES, DÉPARTEMENTS ET TERRITOIRES D'OUTRE-MER

On peut se demander si les territoires conquis outre-mer doivent être considérés comme partie intégrante de la France ou seulement territoires étrangers occupés par les français.
Les colonies et protectorats qui, jusqu'en 1946, dépendent du ministère des colonies ou du ministère des affaires étrangères, jouissent d'un statut analogue à celui des "provinces réputées étrangères" de l'ancien régime. Si l'on considère que celles-ci font partie de la France dès leur annexion, force est de considérer que toutes les colonies font partie de la France depuis leur annexion jusqu'à leur indépendance. Si, par contre, on considère que les colonies sont administrées par la France sans en faire partie intégrante, il faut aussi considérer que les "provinces réputées étrangères" et les "provinces d'étranger effectif" figurent sur la carte n°6 au même rang que la France depuis 1789.

1789: Possessions françaises outre-mer: 36 000 km2 environ

1811: 6000 km2

1892: 219 000 km2

1876: Départements d'outre-mer: 207 480 km2
      Colonies: 3 535 000 km2

1939: Départements d'outre-mer: 3 207 500 km2
      Colonies: 5 500 000 km2

1939: Départements d'outre-mer: 3 207 500 km2
      Colonies: 10 100 000 km2

1946: Création de l'Union Française.
      Territoire de la République (hexagone exclus): 12 140 000 km2

1958: Création de la Communauté Française:
      Territoire de la République (hexagone exclus): 3 290 000 km2

1980: 1 022 400 km2 (dont Terre Adélie: 900 000 km2)

Postface

Les nations insuffisantes

Eclairer et mettre en perspective

> *L'histoire est devenue pour l'essentiel
> une mise en demeure adressée
> par le futur au contemporain.
> (Julien Gracq)*

Qu'est-ce qu'un livre d'histoire ? Très franchement, je me le demande. Le rôle que se donne l'historien – du moins l'historien moderne – est de révéler non pas la Vérité, trop abstraite et finalement inconsistante, mais des vérités historiques avérées, en s'appuyant sur des preuves...

L'historien fouille les archives, interroge les témoins, recherche les documents. Il explore son sujet. Il éclaire la vie d'un homme, d'un territoire, d'un peuple, d'une nation, d'une classe sociale. Il autopsie un évènement ou un objet.

Une oeuvre d'historien consacrée à Jules César éclairera les facettes de ce personnage, son oeuvre, son caractère, ses actes. Autour de lui s'agiteront les ombres de Pompée, des sénateurs et du peuple romain, de Vercingétorix, de Brutus. Ombres, en effet. Car on ne voit d'eux que ce qui les relie à César.

Une oeuvre historique consacrée a Vercingétorix éclairera le chef gaulois, de sa naissance à sa mort. Dans les décors de Gergovie, de Bibracte ou d'Alésia, se profileront les bandes gauloises et, au loin, les armées romaines. Vercingétorix sera au centre. Au-dessus de la mêlée apparaîtra sans doute César, comme une figure du destin.

Ainsi, deux vérités et pourtant une seule ? Deux ? Bien plus ; dix, cent vérités : celle de l'historien de Pompée ; la vérité de l'historien des Gaulois et de celui des institutions romaines. La vérité de l'historien de la France et de celui de l'Italie...

Peut-on associer tous ces points de vue, leur trouver un dénominateur commun, qui serait la réalité historique ?

Il est à craindre que non. Vercingétorix et César ne peuvent être éclairés d'une même lumière. L'un est un homme de guerre, cherchant à rassembler les tribus celtiques et à vaincre les envahisseurs. Le second est bien autre chose que le chef des envahisseurs ; c'est un homme de pouvoir. La guerre des Gaules n'est pour lui qu'un passage, un moyen d'assurer sa puissance à Rome. L'éclairage historique ne peut passer de l'un à l'autre sans changer de nature. Les deux tableaux, pour être réussis, pour être vrais, doivent être séparés. Pour connaître l'un, il n'est pas possible de se contenter de l'observer dans l'ombre de l'autre.

L'œuvre historique n'est pas seulement une mise en lumière ; c'est aussi une mise en perspective. Celle-ci est un artifice qui nous permet de rendre le passé transparent. Mais encore faut-il que l'historien installe ses projecteurs et règle ses éclairages de façon correcte, afin que le lecteur perçoive la profondeur historique. Une avalanche de documents historiques non triés efface tout relief, toute perspective, comme sur une photographie surexposée. Le tri trop sélectif des documents, comme sur une photographie trop contrastée, ne conserve que des silhouettes.

Prenons l'exemple d'Attila. Si l'on s'en tient aux documents relatant son invasion de la Gaule, le chef des Huns apparaît comme un barbare, un personnage grossier dont les mouvements sont dictés par l'instinct. Le « Fléau de Dieu » attaque l'empire romain avec une sorte de rage animale, à la fois impressionnante et chaotique.

Confrontons maintenant à cette silhouette, que tout écolier considère comme la vérité historique, les documents relatant son éducation. Attila fut élevé comme otage à la cour d'Honorius, où il apprit le latin et s'imprégna de la civilisation romaine... Il est évident que nous ne pouvons juxtaposer le portrait du primitif et ces éléments concernant son éducation. Il y a entre les deux un décalage dans la perspective. Si nous voulons la surmonter, il nous faut rectifier le tableau d'ensemble.

En attaquant l'Empire romain d'Occident, Attila savait forcément ce qu'il faisait. Il connaissait son ennemi. Peut être avait-il au cœur un désir de vengeance, une ambition de général du Bas-Empire ou simplement de la cupidité ? Quoi qu'il en soit, nous sommes loin de la fureur guerrière aveugle...

Ces interrogations, loin d'assombrir la figure du chef des Huns, dessinent sa profondeur historique.

Allumons maintenant un autre projecteur. Entre

434 et 441, Attila réunifie sous son autorité les Huns d'Europe, ceux du Caucase, et les Acatzires des rivages de la Caspienne. En 441, il attaque l'Empire romain d'Orient et lui impose un tribut. Puis en 450, lorsque l'empereur Théodose est remplacé par l'énergique Marcianus, il se tourne contre l'Empire romain d'Occident. Il y est sollicité par les ambassadeurs des cités armoricaines, confrontées à l'implantation des Alains sur leurs territoires. Cette implantation est voulue et organisée par l'Empire en réaction à l'insoumission permanente des cités.

Lorsque Attila entre en Gaule, il bénéficie aussitôt de l'appui des Bagaudes, les résistants gaulois en lutte contre les Romains.

Après sa défaite aux Champs Catalauniques, en 451, rien n'est terminé. Il plie son armée aux méthodes romaines. L'année suivante, il attaque l'Italie par l'Est, prenant les villes de Vénétie et de Lombardie les unes après les autres. Il accepte de quitter la péninsule devant une délégation du Pape Léon qui lui implore d'épargner Rome.

Ainsi, quel homme était-ce que ce "Fléau de Dieu" ? De toute évidence, c'était un homme d'État, capable de faire la paix avec les Chinois, et de se trouver des alliés en Gaule. Un homme capable d'apprécier les méthodes militaires romaines tout en restant le chef des Huns. Un personnage plus complexe, mais aussi plus consistant, plus « vrai », que le barbare décrit dans nos vieux livres scolaires.

Pourquoi le défaut de perspective ? Peut être le besoin de simplifier, peut être le besoin de prouver quelque chose. L'histoire est un tribunal. Derrière la caricature d'Attila, nous sentons une intention consciente, une intention politique. Nous sentons une vieille propagande, qui s'est transmise d'ages en ages...

Peut-on admettre qu'Attila était un fin stratège, un esprit cultivé ? Nous, peut-être, descendants des habitants des cités armoricaines ; les Romains d'alors, sûrement pas, ni ceux qui se réclament de leur filiation. Face à la Civilisation, les ennemis ne peuvent être que des barbares.

Pour voir un paysage ou pour observer le passé, il est nécessaire de choisir un point de vue, éventuellement plusieurs, jamais tous. Choisir, c'est exclure. Cette nécessité trouble la recherche de la vérité et la rend vertigineuse. De quel droit choisit-on un point de vue historique ?

Failles documentaires
et failles logiques

La France est diverse jusqu'à l'absurde
(Fernand Braudel)

Le document, la preuve historique, ne peuvent être appréhendés de la même façon dans l'histoire des vainqueurs et celle des vaincus. Le vainqueur a les moyens de détruire les documents qui ne lui conviennent pas ou de les modifier à sa convenance. Bien des exemples pourraient en être donnés, et non seulement dans la Chine communiste du XXe siècle ou l'URSS. Le roman de Georges Orwell « *1984* », qui fait du remodelage des documents historiques une industrie destinée à maintenir l'ordre, illustre par la fiction une vieille et profonde réalité.

A propos de l'histoire de Bretagne, nous prendrons seulement deux exemples, identifiés par un historien du début du XVIIIᵉ siècle, Dom Lobineau.

La première concerne l'excommunication des évêques bretons par le pape Léon IX :

« *On peut soupçonner de faux la lettre attribuée à Léon IX, par laquelle il témoigne qu'il excommunie les évêques de Bretagne. Elle est supposée de l'an 1049, et j'ai cru que la seule lecture de la pièce ferait apercevoir à tout le monde, comme à moi, cinq raisons de révoquer en doute la vérité de cette pièce.*

La première est l'adresse, conçue en ces termes : « *E. Britonum Principi, et Analo Comiti, et caeteris principibus Britanniae Secundum Deum vivere volentibus, vita et salus* ». *Cette lettre, si elle était véritable, devait s'adresser à Conan II. Eudon n'était point alors Prince des Bretons. Nous ne connaissons point de Prince Anal ; et si c'est Alain Cagnard que l'on a voulu indiquer, il ne paraît pas par quelle raison l'on va chercher un Comte de Cornouaille, pendant que l'on oublie le Duc de Bretagne, Souverain du pays.*

II. Ce salut conçu en ces termes "vita et salus" n'est point du style usité par les souverains pontifes.

III. La manière brusque dont on fait excommunier l'évêque de Dol et les suffrageants rebelles, par le Pape, est tout à fait opposée à la conduite constante de la Cour de Rome, qui use toujours de beaucoup de préparations, citations, avertissements, avant que d'en venir à cette terrible sentence, et n'excommunie jamais personne sans le nommer. Cependant, on fait dire ici à Léon IX, après qu'il a touché un mot de la rébellion et de la simonie de ces évêques, qu'il les excommunie tous: "Excommunicamus omnes hos"; sans les nommer, sans en marquer le nombre, sans dire qu'il a invoqué le nom de Dieu, qu'il a pris conseil, qu'il a, par des délais suffisants, laissé la porte ouverte au pardon pour les criminels.

IV. La lettre est adressée à deux Princes, et à tous les autres. Cependant, le Pape ne parle qu'à un: "tibi autem, carissime fili, mandamus etc...". Et plus bas:"cum unus ex maximis Galliae principibus habearis".

V. Enfin, le Pape ajoute que si l'évêque de Dol et ses suffrageants peuvent répondre aux plaintes de l'Archevêque de Tours, et se purger de la simonie dont ils sont accusés, il les entendra au Concile de Verceil. Il n'était donc pas encore pleinement convaincu qu'ils fussent coupables. Et cependant on veut qu'il les ait excommuniés par provision, et non seulement eux, mais encore tous ceux à qui ils avaient donné l'ordination ».[21]

La seconde concerne le traité de 1491 entre le roi de France Charles VIII et la duchesse Anne de Bretagne, qui devait se conclure par le mariage des deux protagonistes. Dans ses preuves du vingt-deuxième livre, Dom Lobineau montre qu'il n'y a pas eu confrontation véritable, mais que les documents venaient tous du côté français, après confiscation des documents bretons :

« Iceluy Sieur [Charles VIII] a libéralement accordé à ladite Dame luy bailler le double des lettres & titres qui sont entre ses mains qui toucheront la cause sur laquelle est prise la dessus dite journée, ainsi qu'il sera requis ; lesquels doubles seront baillés afin qu'elle puisse consulter la matière en attendant

[21] Préface du Livre 1 de *Histoire de Bretagne*, Dom Lobineau.

ladite journée, à laquelle se porteront les originaux
nécessaires pour en bailler et prendre les vidimus.
Et au regard des autres lettres, titres, documents,
et monuments qui concernent les affaires dudit païs
de Bretaigne, et sont en la puissance dudit Seigneur,
ils demeureront es lieux où ils sont, jusques il soit
dit par l'issue desdites questions & différents qui les
devra avoir (...) »

Si l'on se contente des sources françaises, l'histoire
de Bretagne n'est que l'histoire d'une ombre, forcément
déformée, comme l'histoire de Vercingétorix chez les
auteurs romains. Lorsque nulle autre solution n'existe
pour le dominé, il est toujours possible de magnifier
cette ombre ; mais nous sortons alors de l'histoire pour
entrer dans la mythologie. Il est facile au dominant de
s'en moquer.

Se contenter d'observer des ombres, c'est dévaloriser
l'histoire de Bretagne et y introduire des failles qui, en
plus des failles documentaires, peuvent être des failles
logiques. Voici quelques exemples.

Après la bataille de Saint Aubin du Cormier en
1488, il semblerait, à lire de nombreux historiens, que
toute velléité d'indépendance aurait mystérieusement
disparu dans le peuple, alors que celui-ci s'était mobilisé
massivement un an plus tôt, le plus souvent de sa propre
initiative. Le Traité de Dordrecht est passé sous silence.
Le complot de 1492 est attribué, sans vraisemblance ni
preuve tangible, au vicomte de Rohan. La clé de cette
faille logique se trouve sans doute dans les archives
anglaises.

Anne de Bretagne refusa la main d'Alain d'Albret
pour raison sentimentale. Elle voulut se marier
à Maximilien d'Autriche au nom d'un grand projet

politique. Elle finit par se donner au roi de France par calcul à court terme. Les différentes explications sont crédibles isolément mais, mises bout à bout, elles se révèlent incohérentes. Nous pourrions disserter sur les sentiments ambivalents, les actes manqués, ou nous extasier devant des manœuvres subtiles. Derrière ces comportements disparates, il existe peut-être une raison profonde, inavouable. Ainsi raisonne d'ailleurs le scientifique. A partir des irrégularités qu'il observe, à partir des exceptions aux lois connues, il progresse vers des explications plus générales qui relativisent les anciennes règles et englobent les exceptions observées. Concernant cet épisode de notre histoire, peut-être pourrait-on avancer des explications plus convaincantes par l'étude des archives d'Albret[22] ou par la découverte de celles de la branche aînée des Rohan.[23]

Durant les guerres de la Ligue, le Duc de Mercoeur est considéré comme un éternel indécis, et même comme un poltron. Mais, quand il sort du périmètre breton, il s'en va combattre les Turcs devant Vienne où il fait preuve à la fois de courage et d'esprit de décision. Une partie de la réponse a été donnée dans ce livre, à partir d'extraits des archives espagnoles de Simancas. Mais une réponse plus complète se trouve sans doute dans une étude plus fouillée de ces documents, ou dans les archives restituées à l'Espagne après les guerres napoléoniennes.

Durant les révoltes paysannes de 1675, les chefs de la rébellion s'enfuirent vers les îles Glénan, au sud de Concarneau. Ils furent recueillis quelques jours plus

[22] Actuellement aux archives des Pyrénées Atlantiques, à Pau.
[23] Les héritiers de cette branche aînée, convertis au protestantisme, se sont exilés en Prusse au XVIIIe siècle.

tard par un navire de la flotte hollandaise qui jusqu'alors croisait en Manche. Ce sauvetage ne ressemble guère à une coïncidence fortuite. Les révoltés, que l'on peut lourdement soupçonner d'intelligence avec l'ennemi de la France, et qui d'autre part revendiquent la « Liberté Armorique », peuvent-ils être considérés comme de pauvres paysans embarqués dans une jacquerie spontanée ? La réponse se trouve sans doute dans les archives hollandaises, en passant probablement par l'*Association néerlandaise pour l'histoire maritime* à Leiden.

Peut-on rêver, au lieu des sages historiens satisfaits de leurs sources bretonnes et françaises, de l'avènement de quelques chercheurs audacieux et voyageurs, quelques *Indiana Jones* armoricains comblant les failles de notre histoire en se penchant sur des sources plus lointaines et plus diversifiées ?

Que signifie
une « histoire de Bretagne » ?

Il n'a d'histoire digne d'attention
que celle des peuples libres.
L'histoire des peuples soumis au despotisme
n'est qu'un recueil d'anecdotes.
(Nicolas de Chamfort)

L'histoire est une bien curieuse discipline. Ne pouvant prétendre à la réplication des expériences, elle ne correspond pas à la définition d'une science proprement dite. Pourtant, elle scrute la réalité ; elle lui donne consistance par l'accumulation de témoignages, de documents, de traces.

Les faits sont réels, indéniables, parfois mesurables. Mais les histoires qui les relatent sont multiples. Ainsi, l'histoire de l'Irlande ne se présente pas du tout de la même façon dans les écoles du fief unioniste de Skankill Road à Belfast et, à quelques centaines de mètres de là, dans le fief républicain de Falls Road. D'un côté, l'histoire du pays est celle d'une province britannique ravagée par les méfaits d'une maffia séparatiste criminelle. De l'autre, c'est l'histoire d'une nation gaélique qui résiste héroïquement depuis huit siècles à une occupation étrangère.

Et d'abord, qu'est-ce que l'histoire de l'Irlande ? L'histoire de l'art, ou l'histoire des techniques, n'acquiert de la consistance qu'à partir du moment où l'on définit ce qu'est l'art, ce que sont les techniques. L'histoire en elle-même n'a aucune dimension. Ce n'est pas elle mais c'est son objet qui possède une substance. Si cet objet n'est pas défini, l'histoire se perd dans la confusion. Il en est ainsi des histoires que nous appellerons à titre provisoire celles des « pays » : histoire de Bretagne, histoire de France, histoire d'Irlande.

En ce qui concerne la France ou l'Irlande, les historiens s'accordent à parler d'histoire nationale. La France est une nation. l'Irlande est une nation, même si elle n'a pas toujours été définie comme telle.

Nation... Nous sentons immédiatement que le langage nous tend un piège en nous présentant un mot pervers. Nation est un terme maléfique, que l'on ne peut invoquer sans y être autorisé par des puissances supérieures.

Nous sentons aussi qu'il représente un enjeu primordial, un enjeu d'identité personnelle et collective.

Ainsi, l'existence même d'une nation algérienne a été mise en doute par l'historiographie française la plus officielle, jusqu'à l'indépendance et même jusqu'à nos jours, provoquant la fureur des historiens algériens. Le droit d'utiliser ce mot est un motif de conflit, et nous pourrions multiplier les exemples, depuis le Tibet ou le Kurdistan, jusqu'au Kosovo ou la Catalogne.

La Bretagne fait partie de cette catégorie vague de territoire ou de population dont l'histoire, quand elle se prétend « neutre » ou « impartiale », n'entre dans aucune catégorie reconnue. Faute de définir l'objet, elle manque de substance. Quand enfin elle se définit, histoire nationale, régionale ou provinciale, elle est aussitôt soupçonnée de partialité, de militantisme ou à l'inverse de soumission. Sommes-nous condamnés à choisir entre le flou et l'aveuglement, sommes-nous condamnés à être privés d'une vision normale ?

De quoi donc parle-t'on quand on parle d'histoire de Bretagne ? Si c'est d'un peuple libre comme le recommande Chamfort, la première idée est de caractériser celui-ci par l'existence d'un État souverain, reconnu comme tel juridiquement et universellement. L'histoire de Bretagne s'est alors arrêtée en 1532, lors du traité d'Union. L'histoire d'Irlande ne recommence, après huit siècles d'effacement, qu'en 1921. L'histoire de France elle-même tombe dans un trou noir entre 1940 et 1944.

Mais aucun historien ne raisonne ainsi. Il raisonne en terme de durée, de continuité à travers périodes de splendeurs et de misères, d'affirmation et d'effacement. L'histoire des pays n'est pas l'histoire des États souverains.

Qu'est ce qui caractérise une histoire nationale ? Qu'est-ce qu'une nation ?

Ernest Renan, en 1882, la définit de la façon suivante :

« *La nation est une âme, un principe spirituel. Deux choses qui, à vrai dire, n'en font qu'une, constituent cette âme, ce principe spirituel. L'une est dans le passé, l'autre dans le présent. L'une est la possession en commun d'un riche legs de souvenirs ; l'autre est le consentement actuel, le désir de vivre ensemble, la volonté de continuer à faire valoir l'héritage qu'on a reçu indivis.*

... Avoir des gloires communes dans le passé, une volonté commune dans le présent ; avoir fait de grandes choses ensemble, vouloir en faire encore, voilà les conditions essentielles pour être un peuple.

... Une nation est donc une grande solidarité, constituée par le sentiment des sacrifices qu'on a faits et de ceux qu'on est disposé à faire encore. Elle suppose un passé ; elle se résume pourtant dans le présent par un fait tangible : le consentement, le désir clairement exprimé de continuer la vie commune.[24]»

Cette définition peut s'appliquer à la France car, même entre 1940 et 1944, sous un reniement apparent du passé national, il a existé une volonté de résistance, une volonté de rester français. Elle s'applique encore aujourd'hui. Sous le vernis de la globalisation et de l'américanisation, vit encore cette volonté spécifique.

Elle s'applique à la Bretagne dans la mesure où, depuis la fin de l'indépendance, il est possible de prouver qu'il existe une volonté de rester breton d'abord. Cela constitue en réalité une vieille tradition, à la fois

[24] Ernest Renan. *Qu'est-ce qu'une nation ?* Ed Pierre Bordas et fils, 1991.

culturelle et politique. Certes, comme l'usage de la langue bretonne, elle n'est portée que par une minorité d'individus. Mais elle est encore vivante, ce qui justifie que l'on puisse parler d'une histoire contemporaine de la Bretagne, qui n'est pas un chapitre de l'histoire de France, qui n'est pas le recueil des anecdotes d'une province.

Sous un reniement superficiel du passé national, il existe encore un peuple libre. Ses manifestations extérieures, brouillonnes, incontrôlées, éclatent comme des bulles à la surface du magma de la civilisation occidentale. Le fait que l'on qualifie cette résistance de folle, désespérée, romantique ou criminelle ne change rien à sa réalité.

En ce sens, la Bretagne diffère d'autres pays comme la Bourgogne, qui connurent eux aussi l'existence d'une nation et d'un État souverain. Il n'existe plus de tradition indépendantiste bourguignonne, plus aucune volonté de faire encore de grandes choses ensemble. Cela nous fait soupçonner que la nation bourguignonne est aujourd'hui morte. L'histoire nationale de la Bourgogne peut être considérée comme achevée.

Ainsi, l'histoire de Bretagne serait une histoire nationale ? Oh, n'allons pas si vite !... La définition de Renan présente des défauts, et nous ne pouvons nous en contenter. « *Une grande solidarité, constituée par le sentiment des sacrifices qu'on a faits et de ceux qu'on est disposé à faire encore ...* ». Cette définition pourrait tout aussi bien s'appliquer à l'église catholique, au parti communiste et même à Microsoft. Elle s'applique à toute identité collective forte.

Elle manque d'éléments objectifs et concrets, contrairement à des définitions postérieures plus imprégnées de matérialisme historique. La définition de Staline est le prototype de la définition objective : « *La nation est une communauté humaine, stable, historiquement constituée, née sur la base d'une communauté de langue, de territoire, de vie économique et de formation psychique qui se traduit dans une communauté de culture*[25] ».

Là encore, la Bretagne d'hier et celle d'aujourd'hui supporte la définition, dans tous ses termes. La Bretagne est une communauté humaine stable et historiquement constituée. Elle est née sur la base d'une communauté de langue, de territoire, de vie économique, de culture.

Là encore, la Bretagne se différencie de la Bourgogne et se rapproche de l'Irlande, du Tibet, du Kurdistan, du Kosovo ou de la Catalogne.

Devons-nous, malgré les arguments et pour satisfaire aux préjugés du plus fort, laisser l'histoire de Bretagne dans les limbes de l'indéfini ? L'histoire ne peut acquérir de consistance qu'en définissant son objet ; une géométrie ne peut se construire qu'en posant des axiomes. Osons parler d'histoire nationale, d'autant plus que les différentes définitions de la nation nous y convient. Après tout, les Gallois ou les Écossais participent au « Tournoi des Six Nations » sans que personne, les Anglais ou les Français, n'y trouvent à redire. La Bretagne satisfait à tous les critères nécessaires pour ajouter sa bannière noire et blanche à la farandole multicolore des nations.

Une histoire nationale décrit la courbe entre le premier qui décocha sa flèche au nom de la nation, et

[25] Staline. *Le marxisme et la question nationale*. 1913. Cité dans : *Les Marxistes et la question Nationale*, G. Haupt, M. Löwy, C. Weill, Ed. L'Harmattan, 1997.

le dernier qui tirera un coup de fusil ou s'immolera pour la même cause. Ces deux personnages sont mythiques. Mais ils sont inévitables, dans la mesure où une nation est limitée dans le temps. Elle naît et meurt. Ce premier et ce dernier homme sont en quelque sorte des entités logiques.

Au cours des siècles, des milliers de flèches furent décochées au nom de la nation bretonne. Il y eut donc un début. Le dernier coup de fusil a t'il été tiré ? Personne n'y croit, surtout depuis l'aventure de Breiz Atao et l'agitation indépendantiste de la fin du XXᵉ siècle. L'histoire nationale bretonne existe et n'est pas achevée.

Existe-il un point de vue breton sur l'histoire ?

Que l'histoire soit à refaire, cela est évident.
Elle a presque toujours été écrite jusqu'à présent
au point de vue misérable du fait ;
il est temps de l'écrire
au point de vue du principe. Et ce, à peine de nullité.
(Victor Hugo)

Un naïf ou un hypocrite protesterait vigoureusement contre la conception hugolienne de l'histoire, qui subordonne la réalité factuelle au principe, c'est-à-dire à la construction. Dans son ouvrage *J'abats mon jeu* (1959) Aragon poursuit et précise la pensée de Victor Hugo : « *Cet esprit génial voit le vrai : que l'accumulation des faits en histoire n'est qu'une sorte de naturalisme historique, et que les faits doivent être repensés, ordonnés, éclairés du point de vue du principe* ».

Pendant longtemps le contrôle de l'histoire fut une préoccupation des dynasties aristocratiques ou royales. Mais tout au plus peut-on parler alors de récupération de faits historiques plus ou moins avérés pour la construction d'une hagiographie ou pour la revendication de droits. Il n'y avait là aucune prétention à la Vérité ou à la Raison ; seulement à la raison du plus fort.

Il existe une filiation d'historiens qui cherchèrent à éclairer l'histoire du point de vue de principes. Elle passe par Saint Thomas d'Aquin, Thomas Hobbes, et Gianbattista Vico, et se poursuit par Marx et Spengler.

Vico est sans doute le plus explicite. Dans son ouvrage *La science nouvelle*, publié en 1725, il affirme que l'histoire est intelligible. *Verum et factum convertuntur* ; « le vrai est ce qui est fait ». L'évolution historique peut se comprendre à partir de la division des trois âges qu'il attribue aux Egyptiens. A chacune de ces périodes correspondent des types spécifiques de mœurs, de droits naturels, de gouvernements, de langages, de caractères, de sciences, d'autorités.

Sans être aussi systématique, *L'essai sur les mœurs et l'esprit des nations* (1756) de Voltaire, qui englobe la *Philosophie de l'histoire* parue antérieurement, s'inscrit dans cette filiation. Outre l'accumulation encyclopédique des faits, l'auteur oppose clairement les principes de la Raison aux principes théologiques de l'Histoire Sainte. [26]

[26] Voltaire s'oppose en particulier à deux principes fondamentaux de la Bible : le monogénisme (existence d'un couple humain primordial) et l'élection divine (existence d'un peuple élu, le peuple juif).

La révolution française hérite de l'idée voltairienne de trajectoire historique. Elle ne suit pas le philosophe dans ses égarements antisémites. Mais elle affirme avec lui le principe d'une marche mondiale, menée par la France, vers la liberté et l'égalité politique. Les révolutionnaires français sont profondément convaincus, jusqu'à la démesure, que leurs principes sont ceux de l'histoire, que leurs actes s'inscrivent de la façon la plus éblouissante dans l'histoire de l'humanité. Ainsi Robespierre proclame-t-il :

« Le peuple français semble avoir devancé de deux mille ans le reste de l'espèce humaine. ; on serait même tenté de le regarder, au milieu d'elle, comme une espèce différente. L'Europe est à genoux devant les ombres des tyrans que nous punissons.

... Nous lui apprendrons, nous, les noms et les vertus des héros morts en combattant pour la liberté ; nous lui apprendrons dans quelle terre les derniers satellites des tyrans ont mordu la poussière ; nous lui apprendrons à quelle heure a sonné le trépas des oppresseurs du monde ».[27]

Après la révolution, l'historiographie française du XIXe siècle vise à élaborer un plan d'ensemble. Il n'est plus question de faire table rase, de dévaloriser le passé au nom de l'avenir, mais d'ordonner les faits. Napoléon exprime, dans une note dictée à Bordeaux en 1808, ses directives sur l'histoire de France.

« Velly est le seul auteur un peu détaillé qui ait écrit sur l'histoire de France. L'abrégé chronologique du président Hénault est un bon livre classique ; il

[27] Robespierre. *Discours du 18 Floréal an II.* In · Robespierre/ *Discours* U.G.E. Coll 10/18 1965.

est très utile de les continuer l'un et l'autre. Il est de la plus grande importance de s'assurer de l'esprit dans lequel écriront les continuateurs. J'ai chargé le ministre de la Police de veiller à la continuation de Millot, et je désire que les deux ministres se concertent pour faire continuer Velly et le président Hénault.

On doit être juste envers Henri IV, Louis XIII, Louis XIV et Louis XV, mais sans être adulateur. On doit peindre les massacres de Septembre et les horreurs de la Révolution du même pinceau que l'Inquisition et les massacres des Seize. Il faut avoir soin d'éviter toute réaction en parlant de la Révolution ; aucun homme ne pouvait s'y opposer. Le blâme n'appartient ni à ceux qui ont péri, ni à ceux qui ont survécu. Il n'était pas de force individuelle capable de changer les éléments et de prévenir les événements qui naissaient de la nature des choses et des circonstances.

Il faut faire remarquer le désordre perpétuel des finances, le chaos des assemblées provinciales, les prétentions des Parlements, le défaut de règle et de ressort dans l'administration ; cette France bigarrée, sans unités de lois et d'administration, étant plutôt une réunion de vingt royaumes qu'un seul État, de sorte qu'on respire en arrivant à l'époque où l'on a joui des bienfaits de l'unité des lois, d'administration et de territoire. »

De manière remarquable, cette vision de l'histoire s'est maintenue jusqu'à nos jours, dans le fond et dans la forme. Le fond se retrouve dans les manuels scolaires. La forme persiste dans l'habitude de ne considérer comme historiens que des fonctionnaires accrédités.

Michelet, avec le lyrisme du visionnaire, fait la synthèse entre le point de vue révolutionnaire et celui de l'Empereur.

« *Cette tradition, c'est celle qui de César à Charlemagne, à Saint Louis, de Louis XIV à Napoléon, fait de l'histoire de France celle de l'humanité. En elle se perpétue, sous forme diverse, l'idéal moral du monde, de Saint Louis à la pucelle, de Jeanne d'Arc à nos jeunes généraux de la révolution ; le saint de la France, quel qu'il soit, est celui de toutes les nations, il est adopté, béni et pleuré du genre humain.*[28] »

En ce qui concerne l'histoire de Bretagne, Michelet donne le ton. Il a suffisamment étudié les faits pour ne pas méconnaître les siècles d'indépendance et la singularité bretonne. Mais il retourne la difficulté par un syllogisme. La France prolonge la Gaule. La Bretagne était restée gauloise. Donc elle était destinée à devenir une province française.

« *Ce pays a été longtemps étranger au nôtre, justement parce qu'il est resté trop longtemps fidèle à notre état primitif ; peu français, tant il est gaulois, il nous aurait échappé plus d'une fois si nous ne l'avions tenu serré, comme dans des pinces et des tenailles, entre quatre villes françaises d'un génie rude et fort : Nantes et Saint-Malo, Rennes et Brest.*[29] »

Vu sous cet angle, l'union de la Bretagne à la France apparaît comme un rattachement de bon sens, une évidence et un rattrapage historique.

---

[28] Jules Michelet. *Le Peuple*. Exemplaire accessible sur le site gallica. bnf.fr.
[29] Jules Michelet. *Notre France*. Exemplaire accessible sur le site gallica.bnf.fr.

Après Michelet, chez des historiens français de moindre envergure mais plus populaires, les faits disparaîtront sous le principe. Après la guerre 39-45, la hantise du séparatisme rendra le trait tellement grossier, tellement accentué, qu'il donnera l'impression que la Bretagne n'existe que lorsque la France la touche du doigt pour la sortir de son arriération gauloise. Toute dissidence est amalgamée au crime archétypal que constitue la collaboration avec l'Allemagne nazie.

Les grands historiens français se tiendront cependant dans la ligne de Michelet, qui passe par Fernand Braudel et Emmanuel Le Roy-Ladurie. [30]

L'existence d'un point de vue breton découle d'une prise de liberté par rapport à la vision française animée, comme nous l'avons vu, par des principes et des intérêts propres. Il n'y a rien d'étonnant dans cette liberté. Il existe un point de vue britannique sur la Résistance gaulliste, différent du point de vue français. L'hiatus est évidemment encadré par les faits, eux-mêmes encadrés par les documents sûrs et les témoignages. Les faits sont les mêmes, et aujourd'hui les plus importants d'entre eux ne sont pas contestés. Mais l'interprétation est différente. Ce qui paraît capital aux uns peut paraître inintéressant aux autres. La Bretagne, la France, l'Europe n'apparaissent pas de la même façon selon que l'on se situe à Brest, à Paris ou à Londres. C'est la raison pour laquelle il peut exister sur l'histoire de Bretagne, ainsi que sur l'histoire de France d'ailleurs, un point de vue breton.

Les historiens du temps de l'indépendance expriment sans entrave le point de vue d'une Bretagne naturellement

---

[30] Voir par exemple *"Histoire de France des régions"*, de Emmanuel Le Roy Ladurie, ed. du Seuil, 2001.

différente et naturellement indépendante. A partir du XVIᵉ siècle, après l'annexion scellée par l'Acte d'Union de 1532, les historiens bretons durent composer avec les pouvoirs publics. Les demandes de censure et les interdictions sont révélatrices du point de vue breton. De la même façon, nous connaissons les points forts des hérésies par les réfutations des théologiens.[31]

La première difficulté des historiens bretons fut d'établir, contre les mythes français, des faits qui sont désormais admis. Cinq d'entre eux sont particulièrement importants : l'existence de rois bretons ; l'antériorité de l'arrivée des Bretons en Gaule par rapport aux Francs ; l'indépendance politique des ducs ; l'illégitimité des prétentions des rois français, en particulier Louis XI et Charles VIII, sur le duché de Bretagne ; les malversations françaises au moment de l'acte d'union.

L'histoire de Bretagne de Bertrand d'Argentré, parue en 1582, à peine sortie des presses, fut saisie. L'ouvrage contenait « *plusieurs choses contre l'honneur et les droits de la France, du royaume et du nom Françoys* ». Les objections portaient sur les périodes de Philippe Auguste, Saint Louis, Charles V, Charles VII, et sur l'union de la Bretagne à la France. Il fut interdit à l'imprimeur de le mettre en vente. Celui-ci en dissimula cependant quelques exemplaires originaux. Une nouvelle édition, censurée, parut en 1588.

Les ouvrages de Dom Lobineau (1707) et Dom Morice (l'édition complète s'échelonne de 1742 à 1756), furent soumis à la censure des pouvoirs royaux,

---

[31] Les informations qui suivent sont issues en partie des communications du Docteur Louis Mélennec, historien, docteur en droit et en médecine, sur le site agencebretagnepresse.com en 2005.

des États de Bretagne, et des grandes familles comme les Rohan. P. Levot,[32] qui a été en possession d'un des ouvrages originaux de Dom Lobineau, montre que les versions postérieures ont été modifiées en mettant en parallèle les passages originaux et les passages modifiés. Dom Lobineau accepta de mauvais gré les coupures et les retranchements. Il le fit vertement savoir.

Mais l'histoire, nous l'avons dit, est un enjeu. Dom Liron, l'abbé des Thuileries et l'abbé Vertot attaquèrent Dom Lobineau, qui réfuta brillamment ses contradicteurs. Les supérieurs du moine le condamnèrent alors au silence.

Le courageux historien fut accusé d'avoir été la cause des événements de 1720. Aujourd'hui, on lui aurait reproché d'avoir rédigé une histoire subversive ; à l'époque, l'abbé Vertot le dénonça pour incitation à la rébellion :

« *Les mouvements qui viennent d'arriver dans la Bretagne et qui, par la sagesse du gouvernement, ont été heureusement arrêtés, m'ont fait naître la pensée que les mauvais desseins de quelques Bretons étoient peut-être l'effet d'anciennes erreurs où ils avaient été élevés au sujet des rois particuliers et des privilèges extraordinaires de cette province.(...) Et comme les histoires même de cette nation ont été la source de ces préjugés, j'ai cru que pour calmer les esprits, il était à propos de les désabuser de ces préventions injustes, puisées dans leurs historiens.* »

A la même époque, les ouvrages historiques de Jean Artur de la Gibonais, doyen des maîtres de la Chambre

---

[32] P. Levot. *La véritable histoire de Dom Lobineau*. Postface de l'édition de 1858 de *l'Histoire de Bretagne* de Dom Lobineau.

des Comptes de Nantes, furent interdits de publication. L'imprimeur fut emprisonné.

Dom Morice, plus accommodant, accepta de transiger sur plusieurs points. Mais il publia une quantité considérable de documents au titre de preuves, qui permettent souvent de conforter le point de vue breton.

La connaissance de sa propre histoire incite à l'insoumission. Les maîtres le savent. Les esclaves sont privés de leur passé, et ne le récupèrent qu'avec la liberté. Cette liberté de pensée, le chevalier de Fontette, intendant de Normandie[33] la décrit avec un certain dépit, dans une lettre du 27 novembre 1766 :

« *Où habiter dans cette Province ? Il ne s'y trouve pas un lieu qui ne soit infecté de principes et du langage républicains, et où toute autorité, quelque modérée qu'elle soit, ne paraissent une invasion sur la liberté ou, pour parler plus juste, sur la licence bretonne* ; »

Le point de vue breton se reconnaît par des constatations et des analyses spécifiques. La principale constatation, c'est que la France, durant toute la période d'indépendance, n'a eu de cesse que de porter la guerre et la désolation en Bretagne. Les périodes de paix et de prospérité de la Bretagne correspondent aux périodes où la France nous laisse tranquille. Politiquement, économiquement, culturellement, l'union à la France fut une catastrophe pour les Bretons. Bertrand d'Argentré,

---

[33] Correspondance du chevalier de Fontette, publiée par H. Carré, Librairies-imprimeries réunies, Paris, 1893. La réflexion du chevalier s'inscrit dans son opposition à La Chalotais, qui menait la fronde des parlementaires bretons et, si l'on en croit Fontette, de toute la Bretagne.

dans la première édition non expurgée de son *Histoire*, anticipe d'ailleurs les conséquences à long terme : appauvrissement, octroi des fonctions civiles importantes aux Français, entraves au commerce maritime, impôts nouveaux, violation des lois du duché.

Au cours du XIXe siècle, le point de vue breton perd son expression traditionnelle, sans s'aligner complètement sur le point de vue français. Les historiens bretons épluchent les archives, se défendent sur les faits et étayent la construction historique bretonne. Ils donnent des arguments au point de vue breton, sans oser le soutenir ouvertement.

Le ton est souvent celui de la résignation, lié à une vision de l'histoire semblable à celle de Vico, et un point de vue proche de celui de Michelet[34]. Ainsi s'exprime Arthur de la Borderie, dans son Histoire de Bretagne[35] :

« *La vie de l'homme se partage naturellement en trois périodes : jeunesse, âge mûr et vieillesse. Toute société, toute nation dont l'existence est complète et qui en épuise le cycle, a pareillement ses trois âges : période de formation et de croissance, période d'épanouissement et de maturité, période de décroissance et de déclin. (...). La période d'épanouissement pour la Bretagne est celle où, sous le titre de duché et sous la condition d'un hommage purement nominal envers la France, elle jouit en*

[34] Michelet était lui aussi un admirateur de Vico. Mais entre la vision de Vico et celle de Michelet quand il parle de la France, il y a plus qu'un hiatus ; une contradiction. La France est pour Michelet une exception, inaccessible au déclin qui marque les autres nations.
[35] Arthur le Moyne de la Borderie, *Histoire de Bretagne*. Réédition de 1985 (Imprimerie de la Manutention, Mayenne).

réalité d'une existence nationale respectée de tous et d'une indépendance politique aussi entière que possible. Après cette période, la Bretagne, comme vie nationale et politique, décroît, puisqu'elle tombe au rang de province. »

La Borderie, par son impressionnante érudition, exercera un ascendant puissant sur les historiens postérieurs jusqu'à nos jours, en imposant ses interprétations. Sa principale influence, significative, concerne Anne de Bretagne. Il en fait une sorte de sainte laïque, de pivot historique. Il la rehausse, en réduisant l'importance des partisans de l'intégration française et celle des défenseurs de l'indépendance bretonne. Il néglige le soutien international à l'indépendance bretonne. Tout cela le sépare des historiens bretons antérieurs, pour qui la duchesse Anne n'était qu'un pion ; elle était trop jeune et trop influençable pour exercer un rôle historique déterminant. Tout cela le rapproche des historiens français, sans se confondre avec eux. La Borderie est un historien à part, qui construit un nouveau point de vue. Il n'est pas le continuateur des moines de Saint-Maur[36]. Sans doute se rapproche-t-il de Dom Lobineau par la méthode ; mais non par la vision historique.

L'historiographie bretonne du XXe siècle se ressent du point de vue de la Borderie. Anne de Bretagne devient le point focal, la référence centrale de notre histoire. C'est ainsi que la présentent aussi les historiens français. Toutefois la couleur de l'éclairage est différente. Les uns la considèrent comme celle qui sort la Bretagne de sa marginalité par l'union à la France. Les continuateurs

[36] Contrairement à ce qu'avancent certains analystes comme J.Y. Guiomar. *La Trinité bénédictine.* In La Taupe bretonne N° 3, 1973.

et les disciples de La Borderie la considèrent comme celle qui défend les intérêts du pays, même si elle n'en défend pas l'indépendance.

Au XXe siècle le monde change, et le regard historique évolue. La France s'effondre en 1940. Puis, dans la seconde moitié du XXe siècle, les anciennes colonies deviennent indépendantes. La France n'est plus qu'un hexagone, auquel se rattachent encore quelques confettis de l'empire. Le point de vue breton réapparaît, maladroitement, comme une audace poétique, puis de plus en plus clairement. Le chemin se refait en sens inverse. De l'inexistence de l'histoire nationale bretonne, on repasse par la position de Michelet et de La Borderie, par les compromis de Dom Morice, par les raideurs contrariées de Dom Lobineau, pour se hasarder au point de vue de Bertrand d'Argentré. Les histoires de Bretagne de l'abbé Poisson, de Skol Vreizh, de Brekilien, les recherches de Kerhervé et de bien d'autres, révèlent l'hésitante et pourtant courageuse prise de liberté des historiens bretons.

Histoires et identités

> *Nous avons tant d'histoires*
> *que les historiens manqueront !*
> *(Honoré de Balzac)*

Jusqu'à la Révolution française, nos ancêtres assumaient plusieurs identités et plusieurs visions de leurs racines.

L'église imposait son histoire sacrée, et nous étions tous des enfants d'Adam et Eve. Mais elle n'en contrôlait pas tous les détails. L'évangile apocryphe de Nicodème et les écrits dérivés propageaient chez nous les légendes du Graal et des premiers sept saints autour de Joseph d'Arimathie. Les récits sur les ducs de Bretagne se superposaient aux légendes anciennes sur Conan Meriadec, Gradlon ou le roi Arthur. Cette notion d'un passé commun, fut-il mythique, dessinait les contours d'une identité collective, qui pouvait à l'occasion se révéler ombrageuse. Ainsi en 1188, Alain de Lille, « doctor universalis », raconte à ce sujet une anecdote significative :

«Passez dans la Petite-Bretagne, et allez par les places et les carrefours soutenir que Arthur, le roi des Bretons, est mort comme tous les autres, et vous servirez la preuve qu'elle est bien vraie, cette prophétie de Merlin, qui dit que la mort d'Arthur doit être mise en doute. Si vous arrivez à vous échapper sain et sauf, ce ne sera pas sans être accablé des malédictions et des huées de la foule, mais vous courrez grand risque d'être tué à coups de pierres». [37]

La conscience historique se rattache aussi aux dynasties seigneuriales, aux monastères proches, aux chapelles et aux saints locaux. Nous pourrions n'y voir que des légendes dorées sans importance. Mais l'idée que l'identité ne puisse s'épanouir qu'à des sources dûment approuvées par l'Université et exemptes de mythes est une utopie moderne, porteuse d'une infinie tristesse.

Par les différentes histoires, nos ancêtres se sentaient à la fois catholiques, Bretons, sujets du duc de Bretagne, et paysans au service d'un seigneur local. Lors de

[37] Cité par Félix Bellamy, *La forêt de Bréchéliant*, Ed La découvrance, 1995.

conflits, l'appartenance était un choix qui dépendait des contraintes les plus fortes, des fidélités les plus intimes, des intérêts les plus immédiats ou de causes diverses. Ces jeux subtils déclenchaient les guerres, faisaient basculer la victoire, décidaient des allégeances.

La conscience d'être français était particulièrement brouillée, quand elle n'était pas complètement absente. Mais ce n'était pas là une particularité bretonne. Pendant l'ancien régime, toutes les « *provinces réputées étrangères* », ainsi que les « *provinces d'étranger effectif* », étaient dans cette situation de distance soupçonneuse envers la France.

L'illustration la plus inattendue, mais peut-être la mieux formulée, se trouve dans « *l'Appel à la nation artésienne* ». Cet appel est l'œuvre de Robespierre quand, au début de l'an 1789, il faisait campagne pour être élu d'Arras aux États Généraux.

« *Portez vos regards sur les temps antérieurs ; & voyez avec quelle facilité effrayante vos privilèges ont été sacrifiés successivement, en moins d'un siècle, aux caprices & à l'ambition des Ministres ; par la faiblesse de votre Administration. Songez qu'en 1640, époque de votre réunion à la Couronne de France, les impositions de cette province étaient presque bornées à ce qu'on appelle l'ancienne composition d'Artois ; que vos Capitulations vous garantirent encore, de la manière la plus solennelle, la conservation de tous vos privilèges, dont l'un des principaux, fondé d'ailleurs sur les maximes essentielles de toute société humaine, consistait dans le droit de ne pouvoir être assujetti à aucune taxe, sans votre consentement exprès ; & voyez la masse épouvantable de vos impositions actuelles ..*

Ce qui étonnera encore plus, c'est que cette Province paie les droits d'entrée et de sortie aux barrières de la Picardie, parce que, suivant le Code de la Ferme, elle est réputée étrangère au Royaume ; tandis qu'on la dépouille des franchises dont nous venons de parler, quoiqu'elles lui soient assurées par le même titre, de manière qu'on la considère comme étrangère, pour lui imposer de nouvelles charges, & qu'on lui ôte cette qualité, pour la priver des droits qui en étaient la conséquence et le dédommagement. »[38]

La Révolution française ;
l'identité et la norme

Les citoyennes de Strasbourg sont invitées de quitter les modes allemandes puisque leurs cœurs sont français.
(Louis Antoine de Saint-Just)

La Révolution française a taillé dans cet enchevêtrement de normes et d'identités. Désormais il n'y aurait qu'une norme unique, la loi française. Il y aurait une seule identité publique, celle de citoyen français. Il n'y aurait plus qu'une histoire unique, l'histoire nationale française. Tout le reste devait disparaître ou se cantonner dans la sphère privée. C'est ce qu'il est convenu d'appeler le modèle républicain.

Le XIXe et la première moitié du XXe siècle ont

[38] *Appel à la Nation Artésienne*. Robespierre. Texte téléchargeable sur le site gallica.bnf.fr.

confirmé la puissance de l'État-nation normatif. Comme dans les autres États européens à la même période, le nationalisme jusque là incontrôlé est mis sous tutelle[39]. L'appareil d'État fait du nationalisme un outil de soumission alors qu'il était pendant la période précédente une idée subversive, affirmant une nouvelle légitimité politique, celle du peuple, face aux légitimités dynastiques et religieuses.

Les fonctions publiques sont standardisées. Les fonctionnaires sont brassés et homogénéisés. Ils gravissent les échelons selon leur degré d'adhésion à la ferveur républicaine[40]. Tous les citoyens mâles sont mélangés par le service militaire. Les parlers, patois et langues sont sacrifiés sur l'autel de la langue unique, le français scolaire.

La Troisième République est la période des grandes vérités républicaines, qui surpassent les anciennes vérités religieuses et les petites opinions particulières. L'eau bout à cent degrés. Le chien est un animal carnivore. La France est indivisible.

Les vérités universelles portées par la France expliquent notre extrême difficulté à communiquer avec ses représentants traditionnels. L'identité française peut

[39] Voir : *État et Nation dans l'histoire de l'Europe.* Hagen Schulze, Ed Seuil 1996

[40] *« Votre devoir vous commande de réserver les faveurs dont vous disposez seulement à ceux de vos administrés qui ont donné des preuves non équivoques de fidélité aux institutions républicaines. Je me suis mis d'accord avec mes collègues du cabinet pour qu'aucune nomination, qu'aucun avancement de fonctionnaire appartenant à votre département ne se produise sans que vous ayez été au préalable consulté. »* (Circulaire d'Émile Combes, président du Conseil -Premier ministre- aux préfets. 20 juin 1902).

exister sans nous ou contre nous ; elle en a les moyens. Il n'est pas étonnant que les plus susceptibles d'entre nous, en réaction, veuillent affirmer leur existence contre elle ; et que les plus vigoureux veuillent vivre sans elle.

Mais avançons plutôt sur le terrain de la logique. Dans la mesure où l'identité française se définit sans la langue bretonne, alors les héritiers de cette langue (qu'ils la parlent ou pas) ont un droit naturel à se définir eux-mêmes en dehors de l'identité française.

Nous ne faisons pas partie de la synthèse. Nous pouvons en conséquence, légitimement, nous considérer comme porteurs d'une identité non seulement différente, mais séparée. Et donc nier notre appartenance au peuple français.

Le devoir de mémoire

Les saints ont un passé et les pêcheurs ont un futur
(Oscar Wilde)

La conception unitaire de l'histoire, de l'identité et de la norme, a produit des déviations, en particulier ce que l'on appelle le devoir de mémoire. Celui-ci se veut pédagogique et incontestable. Mais on sent immédiatement que le but n'est pas d'enseigner l'histoire, ni même « faire de grandes choses ensemble », comme disait Renan. C'est, au mieux, l'inverse ; empêcher que des choses détestables ne se décident individuellement. C'est, au pire, un terrorisme intellectuel.

« Devoir » et « mémoire » : voilà deux mots qui nécessitent une explication, pour éclairer leurs relations avec l'histoire et l'historiographie.

Les nouveaux devoirs dont on parle aujourd'hui sont le devoir d'ingérence, le devoir de mémoire, le devoir d'assistance à personne en danger. Assisterait-on à une résurgence de l'ancienne notion de devoir, avant que la notion de « droit » n'envahisse tout ? Je ne le crois pas. Les anciens devoirs nous confrontaient et nous mesuraient à ce qui nous dépasse : Dieu, la patrie, l'amitié, la fidélité. Les nouveaux nous confrontent et nous mesurent à ce que nous considérons comme inférieur, faible ou mauvais. Ce sont des devoirs qui renvoient, malgré leur aspect généreux ou moral, à des rapports bons/méchants (devoir d'ingérence), forts/faibles (devoir d'assistance), saints/pécheurs (devoir de mémoire). Nous ne sommes pas loin des rapports dominants/dominés.

Le devoir de mémoire est le plus souvent brandi pour évoquer les guerres, les génocides, les crimes, les viols, les trahisons. Il est lié à un rejet ; c'est une mémoire de pénitents. C'est aussi un exercice de délation, une façon de désigner du doigt ce que nous ne sommes pas, ce que nous ne sommes plus ou ce que nous ne voulons pas être.

Il existe un rapport entre devoir de mémoire et désir d'identité, et il existe un rapport entre le désir de savoir et l'acquisition d'une identité. Désirer et acquérir une identité sont deux choses très différentes. Le désir, chez un être faible, de se donner une identité forte, transparaît très souvent dans les lettres de délation[41]. En revanche, ceux qui ont acquis une identité forte, par des actes volontaires et assumés, expriment toujours une réticence à dénoncer. Il suffit de lire les récits sur

---

[41] Voir à ce sujet : *La délation sous l'occupation*, André Halimi, Editions N°1. 1983.

la guerre d'indépendance irlandaise écrits par ceux qui l'ont menée, l'autobiographie de Trotski ou les écrits de Gandhi : ceux qui savent combattre répugnent à salir.

L'idée centrale qui justifierait le « devoir de mémoire » est que le mal naît d'un mal plus ancien, mieux connu. *Il est encore fécond, le ventre d'où est sorti la Bête*, disait Berthold Brecht. Or cette idée est fausse. Un tel ventre n'existe pas, ou alors c'est le ventre d'où est sortie toute l'humanité. Le mal peut en effet naître du bien, et j'observe à ce sujet une curieuse symétrie. La revendication légitime du droit des peuples peut mener à la dictature d'un homme : c'est le cas du nazisme, mais aussi de bien des mouvements anticolonialistes ou nationalistes. Symétriquement, la revendication légitime des droits de l'homme peut mener à la dictature d'un peuple ; le colonialisme français et l'impérialisme américain sont là pour le démontrer.

Les droits collectifs engendrent des pathologies individuelles, les droits individuels engendrent des pathologies collectives.

Ceux qui se veulent Français au nom des droits de l'individu, et ceux qui se veulent Bretons au nom du droit des peuples, ne sont pas menacés par les mêmes démons. Un devoir de mémoire unique, en ne conjurant qu'un seul démon, peut faire surgir une bête immonde, ivre soit de revendications individuelles, soit de revendications collectives.

La domination identitaire

La mémoire qu'on lui constitue [au colonisé] n'est
sûrement pas celle de son peuple.
L'histoire qu'on lui apprend n'est pas la sienne.
Il sait qui fut Colbert ou Cromwell,
mais non qui fut Khaznadar ;
qui fut Jeanne d'Arc mais non la Kahena.
Tout semble s'être passé ailleurs que chez lui.
(Albert Memmi / Portrait du colonisé)

Le devoir de mémoire nous a mené aux problématiques centrales des histoires nationales, que sont le pouvoir et l'identité. Ces problématiques s'expriment par les revendications de droits individuels et de droits collectifs.

Il existe une domination politique, liée à la souveraineté. « Est souverain celui qui décide de l'exception » disait Karl Schmitt dans son ouvrage *Théologie politique*[42]. La souveraineté s'exerce dans le domaine du pouvoir.

Il existe une domination identitaire, dont la suprématie culturelle constitue la partie visible. La domination identitaire s'exerce dans le domaine du savoir ; du savoir-faire, du savoir-être et du savoir-vivre. En ce domaine, le savoir historique et sa transmission sont particulièrement importants. On pourrait dire, parallèlement à Karl Schmitt : « la domination identitaire appartient à celui qui décide de la mémoire et de l'oubli ».

[42] Karl Schmitt. *Théologie politique*. NRF Gallimard. 1988.

L'État-nation normatif a exercé cette domination identitaire, jusqu'à l'horreur nazie en Europe, et l'horreur coloniale sur les autres continents. Le processus s'est enrayé, et les mécanismes qui avaient conduit au totalitarisme ont pu être analysés. La philosophe Hannah Arendt a établi la nécessité de l'irruption de la différence individuelle et du jugement personnel dans la sphère publique, jusqu'à la désobéissance civile[43]. Elle relie l'existence d'une vie politique et d'un monde proprement humain à l'existence de la pluralité.

Le sociologue canadien Marshall MacLuhan annonça au cours des années 1970 que les révolutions technologiques qui affectent les médias allaient bouleverser les équilibres sociaux et culturels. La galaxie Gutenberg, la civilisation de l'imprimerie, avait diffusé des messages normalisés, contrôlables et accessibles à tous. Elle avait permis l'émergence de l'État-nation, de la démocratie, de la production industrielle. Désormais, les nouveaux médias permettent l'échange mondial d'informations personnalisées et non contrôlables. Dans le village global, les vérités et les normes officielles perdent leur hégémonie[44].

L'histoire officielle française était incontestée il y a cent ans. Elle a été progressivement battue en brèche par l'évolution des mentalités, les brassages culturels et les technologies de la communication. Néanmoins, l'État cherche, encore aujourd'hui, à maintenir une vérité historique officielle, par les manuels scolaires, les commémorations ou la législation.

[43] Hannah Arendt. *Du mensonge à la violence*. Ed Calmann-Levy, 1972.
[44] Marshall MacLuhan. *Comprendre les media*. Ed. Seuil, 1968.

Les grandes vérités de la Troisième République s'effilochent. L'eau bout toujours à cent degrés, mais seulement au niveau de la mer. Dans les livres d'écoles, les chiens sont toujours des carnivores, mais l'alimentation industrielle en a fait plus ou moins des végétariens. La France est toujours homogène, une et indivisible : mais chacun peut savoir que la langue bretonne, contrairement au français, n'est pas une langue latine ; ou que les Kanaks de Nouvelle-Calédonie ont leurs coutumes particulières.

L'histoire aussi s'effiloche. Il y a 200 ans, Napoléon avait confié le contrôle de l'historiographie au ministre de la Police. Aujourd'hui, les études historiques donnent lieu à des débats publics, ce qui aurait indigné l'Empereur. On ne peut plus enseigner sans rire « Nos ancêtres les Gaulois… ». Tout semble contestable, même les faits attestés.

L'Histoire s'effiloche, mais elle reste néanmoins un enjeu capital. En effet la mémoire collective passe par l'adhésion à une vision historique cohérente et partagée. Elle soude une communauté et crée des solidarités. Si la vision historique est trop homogène, la mémoire collective se solidifie en mythes. Si elle ne l'est pas assez, la mémoire collective s'évapore et laisse place à l'aliénation dans son sens le plus entier, l'absence de liens.

La France voit sa mémoire collective se disperser. Trouvera t'elle des alliés ? Elle ne pourra pas compter sur les groupes humains dont elle a dévalué l'histoire : anciennes colonies, communautés culturelles ou religieuses. L'Europe ajoute encore à la confusion. Quelle Histoire et quelle vision de l'avenir surgiront de ce jeu de massacre des mythes nationaux et des solidarités communautaires ?

Les nations insuffisantes

> *Toute autre histoire est mutilée,*
> *la nôtre seule est complète ;*
> *prenez l'histoire de l'Italie,*
> *il y manque les derniers siècles ;*
> *prenez l'histoire de l'Allemagne,*
> *de l'Angleterre, il y manque les premiers.*
> *Prenez celle de la France ;*
> *avec elle, vous savez le monde.*
> *Jules Michelet (Le Peuple)*

L'Histoire ne peut plus s'écrire comme elle s'est écrite par le passé. Au cours du millénaire précédent, l'histoire des nations européennes est devenue progressivement celle des États. Après les excès de l'État total au XXe siècle s'est amorcé le reflux. L'histoire des nations devient celle, non plus seulement des structures politiques, mais des identités et des aventures collectives.

Les identités française et bretonne ne sont pas comparables. Elles ne sont ni symétriques ni complémentaires. La France offre à ses membres une identité glorieuse, complète, suffisante par elle-même. Le français est une langue mondiale, et le monolinguisme est encore possible. La France a engendré des artistes, des penseurs prestigieux et des œuvres culturelles qui peuvent combler les besoins les plus raffinés. L'étendue de ses ressources matérielles et immatérielles entretient l'idée que l'échange international lui est utile, mais qu'il ne lui est pas vital.

La Bretagne n'est pas dans cette situation. Certes,

elle possède une riche culture. L'identité bretonne est une identité forte ; mais elle est insuffisante. Elle exerce un magnétisme incontestable, mais elle est trop exiguë pour que l'on puisse s'y replier. Nous devons chercher chez les autres nos langues de communication, nos philosophes, nos connaissances scientifiques, nos épices et les puces de nos ordinateurs. Les Bretons sont pris dans un jeu de références partielles, juxtaposées, parfois complémentaires. Le drame surgit avec le provincialisme, tourmenté par la limitation à deux identités rivales dont la plus récente veut supplanter et faire disparaître l'autre. Le trouble identitaire, qui expliquerait la surmortalité bretonne par alcoolisme et suicide à partir de la guerre 14-18[45], n'est pas sans rappeler celui des Juifs allemands et des colonisés.

Certes, les petits nationalismes comme le nationalisme breton ont du mal à se dégager de l'idée qu'ils soient insuffisants. Après tout, ils se suffisaient dans une société rurale. Cette société aujourd'hui n'existe plus. Seuls quelques nostalgiques peuvent encore croire que « Bretagne est univers », comme disait le poète Saint Pol Roux. Les autres évoluent vers cette nouvelle forme de nationalisme, qui envisage la nation comme la pièce centrale du puzzle identitaire, mais non comme le puzzle lui-même.

L'affirmation de notre bretonnité est normale, agréable, structurante. Toutefois, quand on assume cette part insuffisante de l'identité, y ajouter d'autres briques est une nécessité. Où trouver ces compléments ? La quête nous mènera logiquement au-delà de la citoyenneté

[45] Sur le sujet : voir Jean Yves Broudic. *Mort-Dette-Lettre. Suicide et alcoolisme en Bretagne au XXe siècle*. 2006.

française, qui n'est pas pluraliste mais unitaire. Elle nous mènera aussi au-delà du statut provincial, qui nous limite à une dualité mensongère.

Les identités suffisantes se maintiennent et se renforcent par le métissage. Les apports de toutes les cultures du monde viennent iriser momentanément leur surface et se perdre dans la masse. Dans la France du XXe siècle, les immigrants polonais, italiens, maghrébins ont métissé la nation. Mais ce métissage n'est qu'un simulacre de reconnaissance mutuelle. La seule trace qui reste de l'identité originelle de l'immigré est un nom de famille, des mots pittoresques perdus dans l'océan de la langue française, et quelques traditions culinaires. Le métissage est une stratégie dont seule profite l'identité dominante. L'acceptation du métissage est liée à la capacité d'assimilation, et non à la capacité de synthèse.

Le métissage est une façon de concilier l'assimilation forcée, la tolérance et le modèle laïc traditionnel. Ce modèle accorde au pouvoir central le droit de décider du normal et de l'anormal. La sphère publique est l'univers de la norme sociale et identitaire. La sphère privée est le reste ; c'est l'univers du vécu personnel, des réalités clandestines, des langues non reconnues, de l'écart à la norme.

Pour ceux qui se réclament d'une nation insuffisante, la stratégie de survie consiste à intégrer la singularité nationale dans une mosaïque. L'identité globale se compose alors, outre l'identité nationale, de pièces complémentaires d'ordre artistique, philosophique, scientifique, religieux. La nation, contrainte à la modestie, ne peut plus prétendre à la norme identitaire.

Elle ne peut non plus prétendre à la norme sociale. Une nation insuffisante peut disposer d'un État, comme l'Irlande ou le Danemark, ou non, comme la Bretagne. Quel que soit le cas, la norme, qu'elle soit linguistique, culturelle, morale, comportementale ne pourra s'en tenir à une légitimité forte, à une source unique et indiscutable du droit. La distinction entre sphère publique et sphère privée, sans s'effacer complètement, devient moins pertinente.

Une mosaïque est heureuse si les parties sont disposées harmonieusement les unes par rapport aux autres. Une telle disposition suppose toujours une distance entre les différentes pièces. Cette distance, en termes de sentiments humains, c'est la différence entre le respect et l'amour ; le respect des autres plutôt que l'amour universel.

A un niveau plus collectif, la mosaïque correspond beaucoup mieux que le métissage à un maintien de la diversité, au combat contre l'entropie et contre l'uniformisation. Elle permet aux nations insuffisantes de survivre et même de prospérer. Elle les oblige certes à composer avec les autres et à négocier. Mais elle permet d'éviter la dépendance, car les mosaïques peuvent être accueillantes, multiples et changeantes.

La rivalité entre citoyenneté et identité, névrose de l'État-nation

La démocratie se trouve renforcée là où elle s'accorde avec le nationalisme de nations que l'on traite sans égards.
(Karl Kautsky)

Ernest Gellner[46] définit le nationalisme comme l'idée que les frontières culturelles ou linguistiques doivent coïncider avec les frontières d'un État. Selon Ernst B. Haas, c'est l'aspiration à la souveraineté et au droit à l'autodétermination. La plupart des universitaires contemporains qui ont étudié le nationalisme considèrent que le phénomène est sur le déclin. *« La chouette de Minerve qui apporte la sagesse, disait Hegel, prend son envol au crépuscule. Qu'elle tournoie à présent autour des nations et du nationalisme est un bon signe[47] ».*

A vrai dire, cette idée de déclin des nations est contredite par les faits les plus récents. En quelques années, l'URSS, la Tchécoslovaquie et la Yougoslavie ont été démantelés, les dévolutions britanniques et espagnoles se sont affermies, les communautarismes,

[46] Ernest Gellner. *Nations and Nationalism*. Blackwell Publishers 2002.
[47] Eric Hobsbawm. *Nations et nationalisme depuis 1870*. Ed Folio-Gallimard 1990. Voir aussi Benedict Anderson. *L'imaginaire national*. Ed La découverte 2002.

régionalismes et mouvements identitaires occupent le devant de la scène politique. Sur 192 États reconnus par l'ONU, 125 ont moins de 60 ans d'existence.

L'héritage de la Révolution française, et en particulier la conception jacobine de la nation[48], perd progressivement son aura mondiale. L'identité n'est plus laissée à la discrétion d'un État-nation normatif. Elle revendique sa précédence sur la norme. Elle ne se laisse pas enfermer, et s'élargit à un ensemble de moins en moins codifiable.

Aujourd'hui, identité n'est plus conformité. Un Breton aura généralement pour première langue de communication mondiale le français. Mais il pourra désormais avoir pour langue internationale l'anglais ou l'arabe, sans étonner personne. Ainsi en est-il des Juifs depuis longtemps. Si la pièce centrale du puzzle est unique et bien identifiée, les autres peuvent être variées. C'est à la fois la force et la faiblesse du nouveau nationalisme chez les nations insuffisantes. Elle est une pièce centrale ; mais c'est la pièce centrale d'un ensemble indéfini.

La nation victorieuse, celle qui sert de référence culturelle unique à l'État-nation, est désorientée ; et son mépris envers les régionalismes, les particularismes ou les communautarismes n'est pas tenable à long terme. La Grande-Bretagne, l'Espagne, la Belgique cherchent la meilleure distance entre les nations et l'État

[48] Conception exprimée en particulier par Robespierre, qui postule que l'organisation politique, c'est-à-dire le pouvoir, précède et crée la nation. « Tous les hommes nés et domiciliés en France sont membres de la société politique, qu'on appelle la nation française ».(Discours de novembre 1790).

central. Les modèles pluralistes tentent de concilier des fonctions étatiques communes et la diversité des identités collectives.

Le nationalisme français évolue, non pas vers un déclin proprement dit, mais vers ce que l'on pourrait appeler un citoyennisme. L'imaginaire de la France républicaine n'est plus à proprement parler un imaginaire national. Robespierre, Napoléon et Gambetta, amoureux d'une nation française qu'ils venaient tout juste d'intégrer, sont bien morts. Aujourd'hui la citoyenneté occulte la nationalité et se veut la pièce centrale d'un assemblage qui est éthique et comportemental plus qu'identitaire. Contrairement aux mosaïques des nations insuffisantes, ici le centre est normatif ; il impose ses règles à l'ensemble.

Des millions d'hommes ont été sacrifiés à la patrie, mais la référence officielle du sacrifice est ailleurs. Elle se fait *a posteriori*, à une norme structurante. La France républicaine se rêve moins comme le pays des Français que comme le pays des droits de l'homme, d'un modèle social, de la francophonie.

Ainsi s'échafaude un ensemble normatif entier et cohérent, un système de pensée, une idéologie française. Ainsi se renouvelle la suffisance, la prétention à l'unité et à l'indivisibilité, l'aspiration à ce que le mathématicien Kurt Gödel appelle la complétude.

Dans le monde moderne, celui d'Hannah Arendt et de Marshall MacLuhan, celui d'internet et des communautés virtuelles, cette défense statique de l'État-nation sera-t'elle efficace ? Saura-t'elle sauver le modèle unitaire face aux modèles pluralistes ? Pourra-t'elle surclasser les stratégies de mosaïques libres des nations insuffisantes ?

Les Bretons émigrent, et ils vivent dans tous les coins du monde. D'autre part le pays est attractif, et les immigrés adoptent notre culture. Dans notre territoire historique et ailleurs au sein du grand village global, la singularité bretonne est une richesse originale sertie dans le patchwork des identités individuelles et collectives.

Le futur nous lance un défi. Quel que soit le puzzle de notre identité, la référence à la Bretagne doit s'imposer comme une source d'inspiration, un atout-maître et un signe de ralliement.

Table des matières

Achevé d'imprimer
sur les presses de l'imprimerie
Keltia Graphic
pour le compte
des Éditions Yoran Embanner

—

le 15 mai 2006

—

Dépôt légal : 2e trimestre 2006